AF742289

HAROLD WHITES

Développement web Python avec Flask

Création d'applications web avec HTML et le framework Flask

Copyright 2026

Tous droits réservés. Aucune partie de cet ouvrage ne peut être reproduite, distribuée ou transmise sous quelque forme ou par quelque moyen que ce soit, y compris la photocopie, l'enregistrement, la numérisation ou toute autre méthode électronique ou mécanique, sans l'autorisation écrite préalable du titulaire des droits d'auteur, sauf dans le cas de brèves citations incluses dans des critiques et certains autres usages non commerciaux autorisés par la loi sur le droit d'auteur.

Première édition publiée en 2026.

TABLE DES MATIÈRES

Introduction

Bienvenue dans votre parcours Python : Pourquoi Python, Flask et HTML sont importants en 2024

Python est l'un des langages de programmation les plus populaires au monde en 2024. Simple, lisible et puissant, il est utilisé quotidiennement par des entreprises comme Google, la NASA, Netflix et Instagram. Les débutants l'apprécient car son code est très proche de l'anglais. Les experts, quant à eux, l'adorent car il permet de gérer des tâches complexes avec un minimum de lignes de code.

Dans ce livre, vous apprendrez**Python**comme outil principal,**Ballon**comme framework web, et**HTML**comme base pour votre interface utilisateur. Ensemble, ils vous permettent de créer des applications web complètes à partir de zéro.

- **Python**Le moteur qui exécute votre logique, vos calculs et le traitement de vos données.
- **Ballon**Un framework Python léger qui transforme votre code en sites web fonctionnels.
- **HTML**La structure qui affiche votre application dans un navigateur.

Pourquoi apprendre les trois en 2024 ?

1. **Demande d'emploi**Les développeurs Python full-stack sont très recherchés. La maîtrise de Flask et HTML vous permet d'être opérationnel rapidement.

2. **Prototypage rapide**Vous pouvez passer de l'idée à une application web fonctionnelle en quelques heures.
3. **Projets réels**Créez des portefeuilles avec des blogs, des applications de listes de tâches, des tableaux de bord — tout est abordé ici.
4. **Source libre et ouverte**Tous les outils sont gratuits. Aucun logiciel payant n'est nécessaire.

Ce livre est votre feuille de route complète, de « Je n'ai jamais codé » à « J'ai créé un site web fonctionnel ».

Ce que ce livre vous propose : De zéro expérience en programmation à la création de véritables applications web

Vous commencez par**hypothèses nulles**Aucun diplôme préalable en programmation, en mathématiques ou en technologies n'est requis.

Voici ce que vous obtiendrez :

Scène	Résultat
Débutant	Écrivez votre premier programme Python, familiarisez-vous avec les variables, les boucles et les fonctions.
Intermédiaire	Gérer des fichiers, créer du code réutilisable, travailler avec des structures de données

Avancé	Maîtriser la programmation orientée objet, les bases de données et les systèmes d'authentification des utilisateurs.
Dévelop peur web	Créez des sites web dynamiques avec Flask, des formulaires HTML et des données en direct

À la fin, vous déploierez un**application web entièrement fonctionnelle**— comme un blog personnel ou un gestionnaire de tâches — qui fonctionne en ligne.

Chaque chapitre comprend :

- Des explications claires
- Exemples de code que vous pouvez copier-coller
- Projets étape par étape
- Conseils de débogage
- Cas d'utilisation concrets

Comment utiliser ce livre : guide d'installation, conseils pratiques et feuille de route du projet

Étape 1 : Configurez votre environnement

Vous avez besoin**trois choses**:

1. **Python**(dernière version)
2. **Éditeur de code**(VS Code – gratuit)
3. **Navigateur Web**(Chrome ou Firefox)

Installer Python

Allez à python.org
Téléchargez et installez la dernière version (3.12+ en 2024)
Lors de l'installation :

✅ Cochez « Ajouter Python au PATH »

Vérifier l'installation

Ouvrir **Terminal**(Mac/Linux) ou**Invite de commandes**(Windows) :

frapper
```
python --version
```

Vous devriez voir :

texte
```
Python 3.12.4
```

Installer VS Code

Allez à code.visualstudio.com
Télécharger et installer

Installez le**Extension Python**(par Microsoft)

Créez votre dossier de projet

frapper
```
mkdirlivre web Python
CDlivre web Python
code.
```

Cela ouvre VS Code dans votre dossier.

Étape 2 : Conseils pratiques

1. **Saisissez chaque exemple de code**N'utilisez pas le copier-coller. La frappe au clavier développe la mémoire musculaire.
2. **Exécuter le code après chaque section**Observez son fonctionnement. Démontez-le. Réparez-le.
3. **Utiliser le débogage d'impression**Ajoutez print("Ici") pour voir ce qui se passe.
4. **Enregistrer les versions**Nommez les fichiers comme hello_v1.py, hello_v2.py
5. **Erreurs Google**90 % du codage consiste à lire des messages d'erreur. Exemple :
   texte
   ```
   NameError : le nom « x » n'est pas défini
   ```
   → Vous avez oublié de définir x.
6. **Prenez des notes**Indiquez dans les commentaires la fonction de chaque ligne.

Feuille de route du projet

Chapitre	Mini-projet
1	Calculatrice
3	Suivi des stocks
6	Système de compte bancaire
8	Page de CV personnel (HTML)
10	Application Web de liste de tâches

11	Blog complet avec connexion

Chaque projet s'appuie sur le précédent. À la fin du chapitre 11, votre blog comprendra :

- Inscription de l'utilisateur
- Création de publication
- Commentaires
- En direct sur internet

Prérequis et outils nécessaires (aucune connaissance préalable requise)

✅ Vous avez besoin

- Un ordinateur (Windows, Mac ou Linux)
- Internet (pour la configuration et le déploiement)
- 1 à 2 heures par jour
- Curiosité

❌ Vous n'en avez pas besoin

- Mathématiques au-delà de l'arithmétique de base
- expérience en programmation
- Logiciel coûteux
- Un diplôme

Résumé des outils

Outil	But	Coût

Python	langage de programmation	Gratuit
Ballon	Cadre Web	Gratuit
VS Code	Éditeur de code	Gratuit
GitHub	Stocker et partager le code	Gratuit
Rendu / PythonAnywhere	Déployer des applications web	Niveau gratuit

---

Écrivons votre premier programme

Créez un fichier : hello.py

python
```
# hello.py
nom = saisir("Quel est ton nom? ")
imprimer(f"Bonjour, {nom}Bienvenue dans le monde de Python en 2024 !)
```

Exécutez-le

Dans le terminal :

frapper
```
pythonbonjour.py
```

Sortir:

texte
```
Quel est votre nom ? Alex
```

Bonjour Alex ! Bienvenue dans le monde de Python en 2024 !

Vous venez d'écrire et d'exécuter du vrai code Python.

Applications concrètes

Compétence	Cas d'utilisation
Boucles Python	Automatiser l'envoi d'e-mails
Routes des flacons	Créer une boutique en ligne
Formulaires HTML	Collecter les inscriptions des utilisateurs
Combiné	Créez un site d'offres d'emploi, une application de quiz ou un portfolio.

Exemple : Une boulangerie locale utilise une application Flask que vous avez créée pour prendre des commandes de gâteaux en ligne.

Mesures concrètes à prendre dès maintenant

1. Installer Python
2. Installer VS Code
3. Créer hello.py
4. Exécutez-le et modifiez le message
5. Enregistrez votre fichier

Erreurs courantes à éviter

Erreur	Réparer
Oubli d'enregistrer le fichier	Appuyez sur Ctrl+S (Cmd+S sur Mac)
Indentation incorrecte	Python utilise des espaces, pas des tabulations.
Faute de frappe dans l'impression → imprimer	Vérifiez l'orthographe
Utilisation de l'ancienne version	Utilisez la commande python filename.py, et non pas simplement python.
Erreurs de lecture	Les messages d'erreur sont votre professeur

---

Résumé des principaux points à retenir

- Python est facile à utiliser pour les débutants et constitue la norme dans l'industrie.
- Flask + HTML = applications web complètes avec Python.
- Vous avez besoin**aucune expérience**pour commencer.
- Configuration : Python + VS Code + dossier.

- Pratique par**dactylographie**, **en cours d'exécution**, et **rupture**code.
- Premier programme : input() + print() = application interactive.
- Chaque chapitre contribue à un**application web déployée**.

Exercices pratiques

Exercice 1 : Générateur de salutations

Modifier hello.py :

- Demandez**âge**
- Imprimer : « Bonjour [nom], vous avez [âge] ans ! »

Exercice 2 : Message de bienvenue

Créez le fichier welcome.py :

python
```
imprimer("=== Parcours de développeur web Python ===")
imprimer("Vous commencerez en 2024")
imprimer(« À la fin, vous créerez des applications en direct ! »)
```

Exercice 3 : Déboguer ceci

Corrigez l'erreur :

python
```
Imprimer("Cela ne fonctionnera pas")
```

→ Passer à l'impression

Défi : Présentation personnelle

Écrivez un programme qui :

1. Demande le nom, la ville et le métier de rêve.
2. Imprime une introduction formatée :

texte

```
Salut, je suis [nom] de [ville]. Je veux être [métier] !
```

Vous êtes maintenant prêt pour le chapitre 1.

Ouvrez VS Code, exécutez à nouveau votre premier programme et commençons à coder.

Chapitre 1

Les fondamentaux de Python pour les débutants absolus

1.1 Installation de Python et de votre premier programme « Hello, World ! »

Python est un langage de programmation. Imaginez-le comme un ensemble d'instructions que votre ordinateur comprend. Pour l'utiliser, vous avez besoin de…**Interpréteur Python**— un programme qui lit votre code et l'exécute.

Installation étape par étape (2024)

1. **Rendez-vous sur le site officiel**: Visite https://www.python.org/downloads/
2. **Téléchargez la dernière version**En 2024, ceci est**Python 3.12 ou supérieur**Cliquez sur le gros bouton jaune :**"Télécharger Python 3.12.x"**
3. **Exécutez le programme d'installation**
   - **Windows**Double-cliquez sur le fichier .exe
   - **Mac**Ouvrez le fichier .pkg
   - **Linux**Utilisez votre gestionnaire de paquets (nous aborderons ce point plus tard).

4. **CRITIQUE : Cochez cette case✅« Ajouter Python au PATH »**Cela vous permet d'exécuter Python depuis n'importe quel endroit de votre terminal.
5. **Cliquez sur « Installer maintenant »**

Vérifier l'installation

Ouvrez votre**Terminal**(Mac/Linux) ou**Invite de commandes/PowerShell**(Windows) :

frapper
```
python --version
```

Ou sur certains systèmes :

frapper
```
Python 3 --version
```

Résultat attendu:

texte
```
Python 3.12.4
```

Si vous voyez ceci, Python est prêt.

Votre premier programme : « Bonjour, monde ! »

Tout programmeur commence ici.

1. **Ouvrir VS Code**(installer depuis code.visualstudio.com(si vous ne l'avez pas fait)

2. **Créer un nouveau fichier**Fichier → Nouveau fichier
3. **Sauvegardez-le**comme hello.py (l'extension .py indique à votre système qu'il s'agit de Python)

Tapez ceci :

```python
# hello.py
imprimer("Bonjour le monde!")
```

Sauvegarder: Ctrl+S (ou Cmd+S sur Mac)

Exécuter le programme

Dans votre**Terminal**(dans VS Code : Terminal → Nouveau terminal) :

```frapper
pythonbonjour.py
```

Sortir:

```texte
Bonjour le monde!
```

Vous venez d'écrire et d'exécuter du vrai code Python.

Que s'est-il passé ?

- print() est un**fonction**— une commande réutilisable.
- "Bonjour, monde !" est un**chaîne**— texte entre guillemets.

- L'interpréteur a lu votre fichier et l'a exécuté ligne par ligne.

Utilisation réelle

- La fonction print() est utilisée dans :
  - Enregistrement des actions de l'utilisateur
  - Applications de débogage
  - Afficher les résultats dans les applications web (vous ferez cela avec Flask plus tard)

Étape concrète

1. Modifier le message :
   python
   imprimer(« J'apprendrai Python en 2024 ! »)

2. Recommencez.
3. Essayez 3 messages différents.

Erreur courante

Oublier d'économiser→ Vous exécutez un ancien code.

RéparerToujours utiliser Ctrl+S avant d'exécuter.

1.2 Comprendre les variables, les types de données et les opérations de base

UN **variable**est une boîte nommée qui contient des données.

Imaginez un bocal étiqueté :

texte
```
nom = "Alex"
```

Étiquette de pot	Contenu
nom	"Alex"

Création d'une variable

python
```
âge =25
est_étudiant= Vrai
hauteur =5.9
```

Inutile de déclarer les types — Python s'en charge.

Types de données courants

Taper	Exemple	Utiliser
str (chaîne de caractères)	"Bonjour"	Texte
int (entier)	42	Nombres entiers

flotter	3.14	Nombres décimaux
booléen	Vrai, faux	Oui/Non

Vérifiez le type avec type()

python

```
imprimer(taper("Bonjour"))# <class 'str'>
imprimer(taper(42))# <class 'int'>
imprimer(taper(3.14))# <class 'float'>
imprimer(taper(Vrai))# <class 'bool'>
```

Opérations de base

Mathématiques

python

```
x=10
et =3

imprimer(x+ et)  # 13
imprimer(x- et)  # 7
imprimer(x* et)  # 30
imprimer(x/ et)  # 3.333...
imprimer(x// et)  # 3 (division par étage)
imprimer(x% et)  # 1 (reste)
imprimer(x**2)# 100 (x au carré)
```

Concaténation de chaînes

python

```
d'abord ="Python"
dernier ="Rochers"
complet = d'abord +"+ dernier
imprimer(complet)  # Python Rocks
```

Mise à jour des variables

```python
score =0
score = score +10# À l'ancienne
score +=10# Raccourci
imprimer(score)  # 20
```

Fonctionne avec -=, *=, /=

Exemple concret : Profil utilisateur

```python
nom ="Emma"
âge =22
hauteur =5.6
est_inscrit= Vrai

imprimer(f"{nom} est {âge}ans.)
imprimer(f"Hauteur: {hauteur} pieds")
```

Sortir:

```texte
Emma a 22 ans.
Hauteur : 1,70 m
```

Étape concrète : Créer une imprimante de profil

Créer le fichier profile.py :

```python
# Vos informations
nom ="Votre nom"
âge =99
ville =« Votre ville »
```

```
passe-temps ="codage"

# Imprimer correctement
imprimer("=== MON PROFIL ===")
imprimer(f"Nom: {nom}")
imprimer(f"Âge: {âge}")
imprimer(f"Depuis: {ville}")
imprimer(f"Aime :{passe-temps}")
```

Exécutez le programme. Modifiez les valeurs. Exécutez-le à nouveau.

Erreurs courantes

Erreur	Erreur	Réparer
âge = 25 ans alors Âge	Erreur de nom	Sensible aux majuscules et minuscules
Oublier les citations	nom = Alex → erreur	Utilisez « Alex »
5 / 0	Erreur de division par zéro	Ne divisez pas par zéro

1.3 Manipulation des chaînes de caractères : mise en forme et méthodes courantes

Les chaînes de caractères sont**immuable**— vous ne pouvez pas les modifier sur place, mais vous pouvez en créer de nouveaux.

Opérations de base

python
```
salutation = "Bonjour"
nom ="seul"

imprimer(salutation +", "+ nom +" !")# Bonjour, Sam !
imprimer(salutation *3)#hellohellohello
```

Méthodes de chaînes de caractères (appel avec .method())

python
```
texte ="Python, c'est amusant"

imprimer(texte.lower())# Python c'est amusant
imprimer(texte.upper())#PYTHON C'EST AMUSANT
imprimer(texte.strip())# Python est amusant (supprime les espaces blancs)
imprimer(texte.remplacer("Amusant", "Génial"))# Python est génial
```

Découpage de chaînes [début:fin]

python
```
mot ="Python"
imprimer(mot[0])# P
imprimer(mot[2:5])# tho
imprimer(mot[:3])# Pas grave
imprimer(mot[3:])# elle
imprimer(mot[-1])# n (dernier caractère)
```

Chaînes f (Meilleure façon de formater)

python
```
nom ="Que"
score =95
```

```
imprimer(f"{nom}score{score}% au test.")
# Li a obtenu 95 % au test.
```

Utilisez {variable} à l'intérieur de f"..."

Cas concrets : Générer des e-mails

python
```
modèle = "Cher {nom},\nVotre numéro de
commande{identifiant}C'est confirmé.\nTotal : ${prix:.2f}"
e-mail =modèle.format(nom="Tom", identifiant=1001,
prix=49,99)
imprimer(e-mail)
```

Sortir:

texte
```
Cher Tom,
Votre commande n° 1001 est confirmée.
Total : 49,99 $
```

Action concrète : Jeu Mad Libs

Créer madlibs.py :

python
```
imprimer("=== MAD LIBS ===")
adjectif = saisir("Entrez un adjectif : ")
nom = saisir("Entrez un nom : ")
verbe= saisir("Entrez un verbe : ")

histoire =f"Le {adjectif} {nom}aime{verbe} tous les jours!"
imprimer("\nVotre histoire :)
imprimer(histoire)
```

Lancez-le. Essayez des entrées farfelues.

Erreurs courantes

Erreur	Réparer
texte[0] = 'X'	Les chaînes de caractères sont immuables → utilisez text = 'X' + text[1:]
Oublier le f dans la f-corde	print("{name}") → affiche le texte littéral
input() renvoie une chaîne de caractères	âge = input() → "25", et non 25

Convertir avec:

python
```
âge =int(saisir("Âge: "))
```

1.4 Nombres et mathématiques : entiers, nombres à virgule flottante et fonctions intégrées

Python gère les mathématiques facilement.

Entier vs Flottant

python
```
x=10# int
et =10,5   # flotter
```

Avec =2e3# *2000.0 (notation scientifique)*

Récapitulatif des opérations mathématiques

Opération	Symbole	Exemple
Ajouter	+	5 + 3 = 8
Soustraire	-	5 - 3 = 2
Multiplier	*	5 * 3 = 15
Diviser	/	5 / 3 = 1,666...
Division d'étage	//	5 // 3 = 1
Module	%	5 % 3 = 2
Pouvoir	**	5 ** 3 = 125

Fonctions mathématiques intégrées

python

```
imprimer(abdos(-5))# 5
imprimer(rond(3.7))# 4
imprimer(rond(3.2))# 3
imprimer(pouvoir(2, 3))# 8
imprimer(max(1, 5, 2))# 5
imprimer(min(1, 5, 2))# 1
```

Importez le module mathématique pour en savoir plus

python

```
importer mathématiques
```

```
imprimer(math.pi)# 3.14159...
imprimer(math.sqrt(16))# 4.0
imprimer(math.sin(math.pi/2))# 1.0
imprimer(math.factorielle(5))# 120
```

Calculateur de pourboires en situation réelle

python
```
facture =45,50
pourboire=18

conseil = facture *(pourcentage de pourboire)/100)
total = facture + conseil

imprimer(f"Facture : ${facture}")
imprimer(f"Conseil ({pourboire}%) : ${conseil:.2f}")
imprimer(f"Total : ${total:.2f}")
```

Sortir:

texte
```
Facture : 45,50 $
Pourboire (18 %) : 8,19 $
Total : 53,69 $
```

Étape concrète : Calculateur d'IMC

Créer bmi.py :

python
```
imprimer("=== Calculateur d'IMC ===")
poids = flotter(saisir("Poids (kg) : "))
hauteur = flotter(saisir("Taille (m) : "))

IMC= poids / (hauteur **2)
```

```
imprimer(f"Votre IMC :{IMC:.1f}")
```

Valeurs saisies : 70, 1,75 → IMC : 22,9

Erreurs courantes

Problème	Réparer
5 / 2 = 2 en Python ancien	Maintenant 2.5 en Python 3
arrondi(2,5) → 2 ou 3 ?	Arrondit au pair : 2
Oublier float() sur l'entrée	"70" / 1,75 → Erreur de type

1.5 Exercice pratique : Construction d'une calculatrice simple

Combinons tout.

Projet : calculator.py

python

```
# Calculatrice simple
imprimer("=== CALCULATRICE SIMPLE ===")

# Obtenir des entrées
numéro 1= flotter(saisir("Entrez le premier nombre : "))
numéro 2= flotter(saisir("Entrez le deuxième nombre : "))
opération = saisir("Choisissez l'opération (+, -, *, /): ").bande()
```

```
# Calculer
si opération =="+":
   résultat =numéro 1+numéro 2
Elif opération =="-":
   résultat =numéro 1-numéro 2
Elif opération =="*":
   résultat =numéro 1*numéro 2
Elif opération =="/":
   sinuméro 2==0:
      imprimer("Erreur : Impossible de diviser par zéro !")
      résultat = Aucun
   autre:
      résultat =numéro 1/numéro 2
autre:
   imprimer("Opération invalide !")
   résultat = Aucun

# Sortir
si résultat n'est pas Aucun:
   imprimer(f"Résultat: {numéro 1} {opération} {numéro
2}={résultat:.2f}")
```

Cas de test

Saisir	Sortir
10, 5, +	15.00
10, 5, /	2.00
10, 0, /	Message d'erreur

Améliorer (facultatif)

Ajouter:

- Boucle pour continuer le calcul
- ** pour la puissance
- % pour le reste

Exemple de boucle :

python
```
alors que Vrai:
# ... code de la calculatrice ...
  encore = saisir("Encore ? (o/n) : ")
  siencore.plus petit()!= 'et':
    casser
```

Applications concrètes

- Suivi budgétaire
- Calculatrices de notes
- chariots d'achat
- Applications de fitness

Étape concrète

1. Enregistrer sous calculator.py
2. Exécutez-le 5 fois avec des entrées différentes.
3. Ajoutez la multiplication si elle est manquante.
4. Ajoutez une boucle pour continuer.

Résumé des principaux points à retenir

- **Python est installé**→ python --version

- **Premier programme**: print("Bonjour, monde !")
- **Variables**données conservées : nom = « Alex »
- **Types de données**: str, int, float, bool
- **Mathématiques**: + - * / // % **
- **Cordes**: .upper(), .strip(), f-strings
- **Saisir**: input() → toujours une chaîne de caractères → convertir avec int()/float()
- **Construire une calculatrice**→ combine tous les éléments de base

Vous avez maintenant un**fondation de travail**.

Exercices pratiques

Exercice 1 : Convertisseur de température

python
```
# Convertir Celsius en Fahrenheit
c= flotter(saisir("Celsius : "))
f=c*9/5+32
imprimer(f"{c}°C ={f}°F")
```

Exercice 2 : Échange de variables

python
```
un =5
b=10
# Échange sans variable temporaire
a, b=b, a
imprimer(a, b)# 10 5
```

Exercice 3 : Corriger le bug

python
```
nom = saisir("Nom: )
imprimer("Salut "+ nom)
```

→ Trouvez et corrigez 2 erreurs.

Défi : Ticket de caisse

Demander:

- Nom de l'article
- Prix
- Quantité

Imprimer:

texte
Article Qté Total
Pomme 3 3,00 $
=== Total : 3,00 $ ===

Utilisez les chaînes f et l'alignement.

Vous avez terminé le chapitre 1.
Faites tourner votre calculatrice une dernière fois.

Vous êtes prêt pour**boucles et décisions**au chapitre 2.

Chapitre 2

Structures de contrôle – Prise de décisions par le code

2.1 Instructions If-Else : Principes de base de la logique conditionnelle

Les programmes doivent**prendre des décisions**.

Cela permet à votre code de choisir un chemin en fonction des conditions.

Syntaxe

python
```
si condition:
# faites ceci
autre:
# fais ça
```

L'indentation compte— 4 espaces (ou 1 tabulation). Pas d'accolades {}.

Exemple simple

python
```
âge =18

si âge >=18:
```

```
    imprimer(«Vous pouvez voter !»)
autre:
    imprimer("Attendez encore quelques années.")
```

Sortir:

```
texte
Vous pouvez voter !
```

elif – Sinon si

```
python
score =85

si score >=90:
    imprimer("UN")
Elif score >=80:
    imprimer("B")
Elif score >=70:
    imprimer("C")
autre:
    imprimer(«Efforce-toi davantage !»)
```

Sortir:

```
texte
B
```

Valeurs vraies et fausses

Python considère ces valeurs comme fausses :

- 0, 0,0
- "" (chaîne vide)
- Aucun
- [], {}, ()

Tout le reste est vrai.

python
```
nom =""

si nom:
   imprimer("Nom saisi")
autre:
   imprimer(« Pas de nom ! »)
```

Utilisation réelle

- Validation de la connexion
- Vérification des formulaires
- Règles du jeu
- Logique de tarification

Étape concrète : Classificateur d'âge

Créez le fichier age_check.py :

python
```
âge =int(saisir("Entrez votre âge : "))

si âge <13:
   imprimer("Enfant")
Elif âge <20:
   imprimer("Adolescent")
Elif âge <65:
   imprimer("Adulte")
autre:
   imprimer("Senior")
```

Exécuter avec : 5, 16, 30, 70

Erreur courante

python
```
si âge =18:# FAUX — affectation, pas comparaison
```

RéparerUtilisez == pour la comparaison.

2.2 Opérateurs de comparaison et logiques (et, ou, non)

Opérateurs de comparaison

Opérateur	Signification
==	Égal
!=	Non égal
>	Plus grand
<	Moins
>=	Supérieur ou égal
<=	Inférieur ou égal

Opérateurs logiques

Opérateur	Utiliser
et	Les deux sont vrais
ou	Un seul vrai
pas	Vérité inversée

Exemples

python
```
température =25
est_ensoleillé= Vrai

si température >20 etest_ensoleillé :
   imprimer(« Journée idéale pour un pique-nique ! »)

si température <0 ou température >35:
   imprimer(« Restez à l'intérieur ! »)
```

Appartenance et identité

python
```
fruits =["pomme", "banane"]

si "pomme" dans fruits:
   imprimer(«Nous avons des pommes !»)

si température n'est pas Aucun:
   imprimer("Température enregistrée")
```

Système de connexion en situation réelle

```python
nom d'utilisateur = saisir("Nom d'utilisateur: ")
mot de passe = saisir("Mot de passe: ")

si nom d'utilisateur =="admin" et mot de passe =="secret123":
   imprimer("Accès autorisé !")
autre:
   imprimer("Accès refusé.")
```

Étape concrète : Validateur de notes

```python
score = flotter(saisir("Entrez le score (0-100) : "))

si score >=0 et score <=100:
   si score >=90:
      grade = "UN"
Elif score >=80:
      grade ="B"
   autre:
      grade ="C"
   imprimer(fScore valide ! Note :{grade}")
autre:
   imprimer("Score invalide ! Doit être compris entre 0 et 100.")
```

Erreur courante

```python
si score =90:# Affectation!
```

Réparer: Toujours ==

```python
si score >90et <100:# FAUX
```

Réparer:

python
```
si score >90 et score <100:
```

2.3 Boucles : Boucles While pour la répétition

Répétez le code jusqu'à ce qu'une condition soit remplie.

Syntaxe

python
```
alors que condition:
# répéter ceci
```

Exemple de compte à rebours

python
```
compter =5
alors que compter >0:
   imprimer(compter)
   compter -=1
imprimer(Décollage immédiat !)
```

Sortir:

texte
```
5
4
3
2
1
```

Décollage !

Validation des entrées

python
```
mot de passe =""
alors que mot de passe !="python123":
    mot de passe = saisir("Entrez le mot de passe : ")
imprimer("Accès autorisé !")
```

Boucle infinie (Danger !)

python
```
alors que Vrai:
    imprimer(« Ça n'arrête jamais ! »)
```

Arrêter avec Ctrl+C

Système de menus en situation réelle

python
```
choix =""
alors que choix !="3":
    imprimer(1. Consulter le solde)
    imprimer("2. Dépôt")
    imprimer("3. Sortie")
    choix = saisir("Choisir: ")
imprimer("Au revoir!")
```

Étape concrète : Deviner un nombre (simple)

python
```
secrète =7
deviner =0
```

```
alors que deviner != secrète:
   deviner =int(saisir("Devinez le nombre (1-10) : "))
   si deviner < secrète:
      imprimer(« Trop bas ! »)
Elif deviner > secrète:
      imprimer(« Trop haut ! »)
imprimer("Correct!")
```

Erreur courante

Oublier de mettre à jour l'état:

python
```
compter =5
alors que compter >0:
   imprimer(compter)
# Oublié : count -= 1 → boucle infinie !
```

2.4 Boucles For : itération sur des séquences

À utiliser lorsque vous savez combien de fois répéter.

Syntaxe

python
```
pour article dans séquence:
# utiliser l'élément
```

Sur une plage

python

```
pour je dans gamme(5):
   imprimer(je)
```

Sortir:

```texte
0
1
2
3
4
```

Options de gamme

```python
gamme(démarrer, arrêter, étape)
```

```python
pour je dans gamme(1, 6):# 1 à 5
   imprimer(je)

pour je dans gamme(0, 10, 2):# nombres pairs
   imprimer(je)

pour je dans gamme(5, 0, -1):# compte à rebours
   imprimer(je)
```

Boucle sur les chaînes

```python
mot ="Python"
pour lettre dans mot:
   imprimer(lettre)
```

Sortir:

```texte
P
```

et
t
h
le
n

Boucle sur les listes

python
```
fruits =["pomme", "banane", "cerise"]
pour fruit dans fruits:
   imprimer(f"J'aime {fruit}")
```

Situation réelle : Total du panier d'achat

python
```
prix=[10,5, 22.0, 5,75, 15.0]
total =0

pour prix dansprix :
   total += prix

imprimer(f"Total : ${total:.2f}")
```

Étape concrète : Table de multiplication

python
```
dans=int(saisir("Entrez un numéro : "))

imprimer(f"Tableau de{dans}:")
pour je dans gamme(1, 11):
   imprimer(f"{dans}x{je}={dans* je}")
```

Erreur courante

python
```
pour je dans gamme(5)
   imprimer(je)  # Deux-points manquants
```

Réparer: Ajouter :

2.5 Pause, continuation et passage : maîtrise du flux

pause – Sortie anticipée de la boucle

python
```
pour je dans gamme(100):
   si je ==5:
      casser
   imprimer(je)
```

S'arrête à 4 heures.

Continuer – Passer à l'itération suivante

python
```
pour je dans gamme(6):
   si je ==3:
      continuer
   imprimer(je)
```

Saute 3 → affiche 0, 1, 2, 4, 5

---

passer – Ne rien faire

python
```
pour je dans gamme(5):
   si je ==2:
      passer#TOUS: ajouter la logique plus tard
   autre:
      imprimer(je)
```

Utile comme espace réservé.

Dans le monde réel : Recherche dans une liste

python
```
utilisateurs=["Alice", "bob", "Charlie", "Dave"]
recherche = saisir("Trouver l'utilisateur : ")

pour utilisateur dansutilisateurs :
   si utilisateur == recherche:
      imprimer(f"Trouvé {utilisateur}!")
      casser
autre:
   imprimer("Utilisateur introuvable.")
```

sinon la boucle s'exécute uniquement si**pas de pause**.

Étape concrète : Vérificateur de nombres premiers (simple)

python
```
dans=int(saisir("Entrez un numéro : "))

sidans<2:
   imprimer(« Pas de première qualité »)
```

```
autre:
est_premier= Vrai
   pour je dans gamme(2, num):
      sidans% je ==0:
est_premier= FAUX
         casser
   siest_premier :
      imprimer("Prime!")
   autre:
      imprimer(« Pas de première qualité »)
```

Erreur courante

Utilisation de break dans une boucle incorrecte :

```
python
alors que Vrai:
   pour je dans gamme(10):
      casser# Interrompt uniquement la boucle for
   imprimer("Encore en marche !")# Ça marche !
```

2.6 Projet pratique : Jeu de devinettes avec participation de l'utilisateur

Construisons un**jeu complet**.

Caractéristiques

- Nombre secret aléatoire (1–100)
- suppositions de l'utilisateur

- Indices : trop haut/bas
- tentatives de comptage
- Option « Rejouer »

Code complet : guessing_game.py

```
python
importeraléatoire

imprimer("=== JEU DE DEVINATION DE NOMBRES ===")
imprimer(« Je pense à un nombre entre 1 et 100. »)

rejouer= "et"
alors querejouer== "et":
   secrète =aléatoire.aléatoire(1, 100)
tentatives=0
max_tentatives=10

   imprimer(f"\nTu as {max_tentatives}tentatives !)

   alors quetentatives<max_tentatives :
entrée_devinée= saisir(f"Tentative {tentatives+1}: Entrez votre
estimation (1-100) : ")

# Valider les entrées
      sinonguess_input.isdigit() :
         imprimer(Veuillez saisir un numéro valide !)
         continuer

      deviner =int(devine_entrée)
tentatives+=1

      si deviner < secrète:
         imprimer(« Trop bas ! »)
Elif deviner > secrète:
         imprimer(« Trop haut ! »)
      autre:
```

```
        imprimer(f« Exact ! Vous avez tout compris !
»{tentatives}tentatives !)
        casser
    autre:
      imprimer(f« Plus de tentatives ! Le nombre était{secrète}.")

# Rejouer ?
rejouer= saisir("\nRejouer ? (o/n) : ").inférieur()
    sirejouer!= "et":
      imprimer(«Merci d'avoir joué !»)
      casser
```

Comment ça marche

1. importer aléatoire → générer un secret
2. Jouer plusieurs manches en mode extérieur
3. Tant que interne → jusqu'à 10 essais
4. Continuer → ignorer la saisie invalide
5. pause → gagner tôt
6. sinon, boucle → épuisement des essais

Essai

texte

```
=== JEU DE DEVINATION DE NOMBRES ===
Je pense à un nombre compris entre 1 et 100.

Vous avez 10 tentatives !
Tentative 1 : Entrez votre estimation (1-100) : 50
Trop haut !
Tentative 2 : Entrez votre estimation (1-100) : 25
Trop bas !
Tentative 3 : Entrez votre estimation (1-100) : 37
Exact ! Vous avez réussi en 3 essais !

Rejouer ? (o/n) : n
```

Merci d'avoir joué !

Améliorer (facultatif)

- Score supplémentaire : moins de tentatives = score plus élevé
- Niveaux de difficulté
- Suivi des meilleurs scores (enregistrement ultérieur dans un fichier)

Applications concrètes

- Applications de quiz
- boucles de validation de formulaire
- Mécanismes de jeu
- Navigation par menu

Étape concrète

1. Enregistrer sous guessing_game.py
2. Courir et jouer 3 jeux
3. Ajouter un score : score = 100 - (tentatives * 10)
4. Imprimer le score final

Résumé des principaux points à retenir

- if/elif/else → prendre des décisions

- ==, et, ou, non → conditions de construction
- Tant que → répéter jusqu'à ce que la condition soit fausse
- pour → boucle sur des séquences ou des plages()
- sortir de la boucle
- continuer → ignorer le reste de la boucle
- passe → espace réservé
- **Jeu de devinettes**combine : entrée, boucles, conditions, validation

Vous contrôlez maintenant le programme**couler**.

Exercices pratiques

Exercice 1 : Dames paires/impaires

python
```
dans=int(saisir("Entrez un numéro : "))
sidans%2==0:
   imprimer("Même")
autre:
   imprimer("Impair")
```

Exercice 2 : Imprimer 1 à 10 (3 façons)

python
```
# Alors que
je =1
alors que je <=10:
   imprimer(je)
   je +=1

# Pour
pour je dans gamme(1, 11):
   imprimer(je)
```

```
# Pour avec étape
pour je dans gamme(10):
   imprimer(je +1)
```

Exercice 3 : Somme de nombres

python

```
total =0
pour je dans gamme(1, 6):
   total += je
imprimer(f"Somme de 1 à 5 ={total}")# 15
```

Exercice 4 : Robustesse du mot de passe

python

```
pw= saisir("Mot de passe: ")
siseulement(pw)<6:
   imprimer("Faible")
Elifseulement(pw)<10:
   imprimer("Moyen")
autre:
   imprimer("Fort")
```

Défi : FizzBuzz

Imprimer 1 à 30 :

- Si divisible par 3 → "Fizz"
- Si par 5 → "Buzz"
- Si les deux → "FizzBuzz"
- Sinon → nombre

python

```
pour je dans gamme(1, 31):
   si je %3==0 et je %5==0:
      imprimer("FizzBuzz")
```

```
Elif je %3==0:
    imprimer("Pétiller")
Elif je %5==0:
    imprimer("Bourdonner")
  autre:
    imprimer(je)
```

Vous maîtrisez le flux de contrôle.
Relancez votre jeu de devinettes une dernière fois.

Suivant: **Chapitre 3 – Structures de données**.

Chapitre 3

Listes, tuples et dictionnaires – Gestion des collections de données

3.1 Listes : création, indexation, découpage et modification

UN **liste**Il s'agit d'une collection d'éléments classés par ordre. Imaginez une liste de courses.

Créer une liste

python
```
fruits =["pomme", "banane", "cerise"]
nombres=[1, 2, 3, 4, 5]
mélangé=[1, "Bonjour", Vrai, 3.14]
vide =[]
```

Utilisez des crochets [].

Indexation – Accès à un élément

python
```
imprimer(fruits[0])# pomme
imprimer(fruits[1])# banane
imprimer(fruits[-1])# cerise (dernier élément)
```

```
imprimer(fruits[-2])# banane
```

L'indice commence à 0.

Découpage – Obtenez une gamme [début:fin]

python
```
imprimer(Nombres[1:4])# [2, 3, 4]
imprimer(Nombres[:3])# [1, 2, 3]
imprimer(Nombres[2:])# [3, 4, 5]
imprimer(Nombres[::2])# [1, 3, 5] (toutes les 2 secondes)
imprimer(Nombres[::-1])# [5, 4, 3, 2, 1] (inversé)
```

Listes de modification

python
```
fruits[1]= "orange"
imprimer(fruits)  # ['pomme', 'orange', 'cerise']

fruits.append("raisin")
imprimer(fruits)  # ['pomme', 'orange', 'cerise', 'raisin']

fruits.insérer(1, "kiwi")
imprimer(fruits)  # ['pomme', 'kiwi', 'orange', 'cerise', 'raisin']
```

Longueur

python
```
imprimer(seulement(fruits))  # 5
```

Utilisation concrète : Liste de tâches

python
```
tâches=["patron par e-mail", "Appelle maman", "acheter du lait"]
```

```
imprimer(f"Tu as {seulement(tâches)}tâches.)
imprimer(«Première tâche :», tâches[0])
```

Étape concrète : Établissez votre liste de tâches

Créer tasks.py :

python
```
tâches=[]

imprimer("=== LISTE DES TÂCHES ===")
alors que Vrai:
   tâche = saisir("Ajouter une tâche (ou 'quitter') : ")
   si tâche == "quitter":
      casser
tâches.ajouter(tâche)

imprimer("\nVos tâches :)
pourje, tâchedansénumérer(tâches) :
   imprimer(f"{je+1}.{tâche}")
```

Exécutez le programme et ajoutez 3 tâches.

Erreur courante

python
```
imprimer(fruits[5])# Erreur d'index
```

RéparerUtilisez len(fruits) pour vérifier les limites.

3.2 Méthodes de liste : Ajouter, Étendre, Trier et Inverser

Les listes ont des fonctionnalités intégrées**méthodes**—fonctions associées à ..

append() – Ajouter un élément

python
```
couleurs=["rouge"]
couleurs.ajouter("bleu")
imprimer(couleurs)# ['rouge', 'bleu']
```

---

extend() – Ajouter plusieurs éléments

python
```
couleurs.étendre(["vert", "jaune"])
imprimer(couleurs)# ['rouge', 'bleu', 'vert', 'jaune']
```

Ou:

python
```
couleurs+=["violet", "rose"]
```

---

supprimer() – Supprimer par valeur

python
```
couleurs.supprimer("bleu")
imprimer(couleurs)# ['rouge', 'vert', 'jaune', 'violet', 'rose']
```

---

pop() – Supprimer par index (par défaut : dernier)

python

```
dernier =couleurs.pop()
imprimer(dernier)     # rose
imprimer(couleurs)# ['rouge', 'vert', 'jaune', 'violet']
```

python

```
d'abord =couleurs.pop(0)
imprimer(d'abord)    # rouge
```

---

sort() – Tri sur place

python

```
Nombres=[5, 2, 8, 1]
nombres.trier()
imprimer(Nombres)# [1, 2, 5, 8]

nombres.trier(inverse=Vrai)
imprimer(Nombres)# [8, 5, 2, 1]
```

---

reverse() – Inverser l'ordre

python

```
nombres.inverser()
imprimer(Nombres)# [1, 2, 5, 8]
```

---

count() – Compter les occurrences

python

```
votes=["Oui", "Non", "Oui", "Oui"]
imprimer(votes.count("Oui"))# 3
```

---

index() – Trouver la première position

python

```
imprimer(votes.index("Non"))# 1
```

Dans le monde réel : Suivi des notes

python
```
notes=[90, 85, 92, 78]
notes.append(88)
moyenne = somme(notes)/seulement(notes)
imprimer(f"Moyenne: {moyenne:.1f}")
```

Étape concrète : Trier la liste de courses

python
```
articles =["lait", "pain", "œufs", "pomme"]
articles.trier()
imprimer("Trié :", articles)

articles.inverser()
imprimer("Renversé:", articles)
```

Erreur courante

python
```
liste_triée=nombres.sort()# Ne renvoie rien !
```

Réparer:

python
```
nombres.trier()
liste_triée=Nombres
```

Ou utilisez :

python
```
liste_triée=trié(Nombres)# Renvoie une nouvelle liste
```

3.3 Tuples : séquences immuables et leurs cas d'utilisation

UN **tuple**c'est comme une liste, mais**ne peut pas changer**après la création.

Création de tuples

python
```
indiquer =(3, 4)
couleurs=("rouge", "vert", "bleu")
célibataire =(5,)# Virgule nécessaire !
vide =()
```

Utilisez des parenthèses ().

Accéder aux listes de personnes similaires

python
```
imprimer(indiquer[0])# 3
imprimer(couleurs[1])# vert
```

Impossible de modifier

python
```
indiquer[0]=10# Erreur de type !
```

Pourquoi utiliser des tuples ?

1. **Plus rapide**que les listes
2. **Sûr**— aucun changement accidentel
3. **Clés du dictionnaire** (plus tard)
4. **Renvoyer plusieurs valeurs**

python
```
defobtenir_coordonnées():
   retour(10, 20)

x, y=obtenir_coordonnées()
imprimer(x, y)# 10 20
```

Déballage de tuples

python
```
nom, âge, ville=("Alice", 25, "NYC")
imprimer(f"{nom} est {âge} dans {ville}")
```

Monde réel : Constantes

python
```
JOURS_DE_LA_SEMAINE=(31, 28, 31, 30, 31, 30, 31, 31, 30,
31, 30, 31)
imprimer(f« Février a{JOURS_DE_LA_SEMAINE[1]} jours")
```

Étape concrète : Sélecteur de couleurs RVB

python
```
couleur =(255, 100, 50)
r, g, b= couleur
imprimer(f"Rouge: {r}, Vert: {g}, Bleu: {b}")
```

Erreur courante

python
```
célibataire =(5)# entier, pas tuple
```

Réparer: Ajouter une virgule : (5,)

3.4 Dictionnaires : paires clé-valeur, accès et mises à jour

UN **dictionnaire**stocke les données sous forme de**clé → valeur**paires. Comme un vrai dictionnaire : mot → définition.

Création

python
```
étudiant ={
  "nom":"Seul",
  "âge":20,
  "grade":"UN"
}
vide ={}
```

Utilisez des accolades {}.

Valeurs d'accès

python
```
imprimer(étudiant["nom"])# Seul
imprimer(étudiant.get("âge"))# 20
imprimer(étudiant.get("e-mail", « Introuvable »))# Introuvable
```

La méthode .get() est plus sûre — aucune erreur n'est signalée si la clé est manquante.

Mise à jour / Ajout

python
```
étudiant["e-mail"]="sam@university.edu"
étudiant["âge"]=21
```

```
imprimer(étudiant)
```

Supprimer

python
```
de la étudiant["grade"]
e-mail =étudiant.pop("e-mail")
imprimer(e-mail)  # sam@university.edu
```

Parcourir le dictionnaire

python
```
pour clé dans étudiant:
   imprimer(clé, "→", étudiant[clé])

pourk, vdansétudiant.items():
   imprimer(f"{k}:{dans}")
```

Vérifier les clés

python
```
imprimer("nom" dans étudiant)  # Vrai
```

Dans le monde réel : Carnet d'adresses

python
```
contacts={
"Alice":"123-456",
"Bob":"789-000"
}
imprimer("Le numéro d'Alice :", contacts["Alice"])
```

Étape concrète : Créer un annuaire téléphonique

python

```
annuaire téléphonique={}

alors que Vrai:
   nom = saisir("Nom (ou 'quit') : ")
   si nom == "quitter":
      casser
   nombre = saisir("Nombre: ")
annuaire téléphonique[nom]= nombre

imprimer("\nContacts :)
pournom, numérodansrépertoire téléphonique.éléments() :
   imprimer(f"{nom}:{dans}")
```

Erreur courante

python

```
imprimer(étudiant["e-mail"])# Erreur de clé si manquante
```

RéparerUtilisez .get()

3.5 Structures imbriquées : listes dans les dictionnaires et vice versa

Combinez-les pour obtenir des données complexes.

Liste à l'intérieur du dictionnaire

python

```
étudiant ={
```

```
   "nom":"Emma",
"scores": [85, 90, 78, 92]
}
imprimer("Score en mathématiques :", étudiant["scores"][1])
```

Liste intérieure du dictionnaire

python
```
étudiants =[
{"nom":"Tom", "âge":20},
{"nom":"Lisa", "âge":22}
]
imprimer(étudiants[1]["nom"])# Lisa
```

Liste de listes (matrice)

python
```
grille =[
[1, 2, 3],
[4, 5, 6],
[7, 8, 9]
]
imprimer(grille[1][2])# 6
```

Résultats du quiz dans le monde réel

python
```
questionnaire ={
   "question":« Capitale de la France ? »,
"options": ["Londres", "Berlin", "Paris", "Madrid"],
   "répondre":2
}
imprimer(f"Q :{questionnaire['question']}")
pourje, optdansénumérer(questionnaire["options"]):
```

```
imprimer(f"{je+1}.{opter}")
```

Action concrète : Carnet de notes

python
```
carnet de notes=[
{"nom":"Alex", "notes": [90, 85, 88]},
{"nom":"Beth", "notes": [78, 82, 80]}
]

pour étudiant danscarnet de notes :
moyenne=
somme(étudiant["notes"])/seulement(étudiant["notes"])
   imprimer(f"{étudiant['nom']}:{moyenne:.1f}")
```

Erreur courante

python
```
étudiant["scores"][5]=100# Erreur d'index
```

RéparerVérifiez d'abord la longueur.

3.6 Exercice pratique : Système de gestion des stocks

Construire un**application d'inventaire complète**.

Caractéristiques

- Ajouter un article (nom, quantité, prix)
- Afficher tous les articles
- Mise à jour de la quantité
- Supprimer l'élément

- Valeur totale
- Enregistrer dans la liste des dictionnaires

Code complet : inventory.py

```
python
inventaire =[]

defajouter_article():
   nom = saisir("Nom de l'article : ").bande()
   alors que Vrai:
      essayer:
quantité=int(saisir("Quantité: "))
         prix = flotter(saisir("Prix unitaire : $"))
         casser
      saufErreur de valeur:
         imprimer(« Entrez un numéro valide ! »)

   article ={
      "nom": nom,
      "quantité": quantité,
      "prix": prix
}
inventaire.ajouter(article)
   imprimer(f"Ajouté{quantité} {nom}(s)")

defafficher_inventaire():
   sinon inventaire:
      imprimer("Stock vide !")
      retour

   imprimer("\n=== INVENTAIRE ===")
valeur_totale=0
   pourje, articledansénumérer(inventaire):
      valeur = article["quantité"]* article["prix"]
valeur_totale+= valeur
      imprimer(f"{je+1}.{article['nom']}| Qté :{article['quantité']}|
Prix : ${article['prix']:.2f}| Valeur : ${valeur:.2f}")
```

```
    imprimer(f"Valeur totale des stocks : ${valeur_totale:.2f}\n")

defmettre à jour_quantité():
afficher_inventaire()
    sinon inventaire:
        retour
    essayer:
idx=int(saisir("Numéro d'article à mettre à jour : "))-1
        si0<=idx<seulement(inventaire):
nouvelle_quantité=int(saisir("Nouvelle quantité : "))
inventaire[idx]["quantité"]=nouvelle_quantité
            imprimer("Mis à jour!")
        autre:
            imprimer("Numéro invalide !")
    saufErreur de valeur:
        imprimer("Entrez un nombre !")

defsupprimer_l'élément():
afficher_inventaire()
    sinon inventaire:
        retour
    essayer:
idx=int(saisir("Numéro de l'élément à retirer : "))-1
        si0<=idx<seulement(inventaire):
            supprimé =inventaire.pop(idx)
            imprimer(f"Supprimé {supprimé['nom']}")
        autre:
            imprimer("Numéro invalide !")
    saufErreur de valeur:
        imprimer("Entrez un nombre !")

# Menu principal
alors que Vrai:
    imprimer("=== SYSTÈME D'INVENTAIRE ===")
    imprimer("1. Ajouter un élément")
    imprimer(2. Consulter l'inventaire)
    imprimer(3. Mise à jour de la quantité)
    imprimer(4. Retirer l'élément)
    imprimer("5. Sortie")
```

```
    choix = saisir("Choisissez (1-5) : ").bande()

    si choix =="1":
ajouter_article()
Elif choix =="2":
afficher_inventaire()
Elif choix =="3":
mettre_quantité()
Elif choix =="4":
supprimer_élément()
Elif choix =="5":
        imprimer("Au revoir!")
        casser
    autre:
        imprimer(« Choix invalide ! »)
```

Exécution de l'exemple

```
texte
=== SYSTÈME D'INVENTAIRE ===
1. Ajouter un article
2. Consulter l'inventaire
...
Choisissez (1-5) : 1
Nom de l'article : Ordinateur portable
Quantité : 5
Prix unitaire : 999,99 $
Ajout de 5 ordinateurs portables

Choisissez (1-5) : 2

=== INVENTAIRE ===
1. Ordinateur portable | Quantité : 5 | Prix : 999,99 $ | Valeur :
4 999,95 $
Valeur totale des stocks : 4999,95 $
```

Applications concrètes

- Stock de commerce électronique
- Suivi des livres de bibliothèque
- Ingrédients de restaurant
- Finances personnelles

Étape concrète

1. Enregistrer sous inventory.py
2. Ajouter 3 articles
3. Mettre à jour une quantité
4. Enlever un
5. Vérifier la valeur totale

Idées d'amélioration

- Enregistrer dans un fichier (Chapitre 5)
- Recherche par nom
- Alerte stock faible
- Exporter au format CSV

Résumé des principaux points à retenir

- **Listes**: Ordonné, mutable → [], indexation, découpage, .append(), .sort()
- **Tuples**: Ordonné, immuable → (), constantes sûres, déballage

- **Dictionnaires**: Clé-valeur → {}, .get(), .items(), recherche rapide
- **imbriqué**Listes dans des dictionnaires, dictionnaires dans des listes → données du monde réel
- **Système d'inventaire**utilise tout : liste de dictionnaires, validation des entrées, boucles

Vous maintenant**gérer des données complexes**.

Exercices pratiques

Exercice 1 : Inverser une liste (3 façons)

python

```
Nombres=[1, 2, 3, 4]
imprimer(nums[::-1])
nombres.inverse();imprimer(Nombres)
imprimer(liste(renversé(Nombres)))
```

Exercice 2 : Objets uniques

python

```
articles =["un", "b", "un", "c"]
unique = liste(dict.fromkeys(items))
imprimer(unique)  # ['a', 'b', 'c']
```

Exercice 3 : Fusionner des dictionnaires

python

```
d1={"un":1, "b":2}
d2={"b":3, "c":4}
fusionné={**d1,**d2}
imprimer(fusionné)# {'a': 1, 'b': 3, 'c': 4}
```

Exercice 4 : Rapport de l'élève

```python
rapport =[
{"nom":"Mon", "scores": [70, 80, 90],"grade":"B"},
{"nom":"Lion", "scores": [95, 92, 98],"grade":"UN"}
]
poursdans rapport:
moyenne= somme(s["scores"])/3
   imprimer(f"{s['nom']}:{moyenne:.1f}({s['grade']})")
```

Défi : Chariot de courses

Constituer un panier :

- Ajouter l'article + le prix
- Voir le panier avec le total
- Supprimer l'élément
- Vider le panier

Utilisez une liste de dictionnaires :

```python
chariot=[{"nom":"Chemise", "prix":20},...]
```

Vous avez construit un système de données complet. Lancez votre application d'inventaire.

Suivant: **Chapitre 4 – Fonctions**.

Chapitre 4

Fonctions et code modulaire

4.1 Définition des fonctions : paramètres, arguments et valeurs de retour

UN **fonction**est un bloc de code réutilisable qui effectue une seule tâche.

Considérez cela comme une machine : vous lui donnez**saisir**, ça fonctionne, et ça donne**sortir**.

Définir une fonction

python
```
def saluer():
   imprimer("Bonjour le monde!")
```

- def = définir
- saluer = nom
- () = où les entrées sont saisies
- : = bloc de départ
- Indentation = corps

Appelez (Exécutez) Il

python
```
saluer() # Sortie : Bonjour, monde !
```

Paramètres et arguments

Paramètre= variable dans la définition

Argument= valeur que vous transmettez lors de l'appel

python
```
def saluer(nom):# Le nom est un paramètre
   imprimer(f"Bonjour, {nom}!")

saluer("Alice")# "Alice" est un argument
saluer("Bob")
```

Sortir:

texte
```
Bonjour Alice !
Bonjour Bob !
```

Paramètres multiples

python
```
def ajouter(un, b):
   résultat = un +b
   imprimer(f"{un}+{b}={résultat}")

ajouter(5, 3)
ajouter(10, 20)
```

Valeurs de retour

Utilisez le retour à**renvoyer**un résultat.

python
```
def ajouter(un, b):
   retour un +b
```

```
total = ajouter(5, 3)
imprimer(total)      # 8
imprimer(ajouter(10, 7))# 17
```

Sans retour → Aucun

python

```
defdire_bonjour():
   imprimer("Salut")

résultat =dire_bonjour()
imprimer(résultat)  # Aucun
```

Utilisation concrète : Fonction de calcul de l'IMC

python

```
defcalculer_l'IMC(poids_kg, hauteur_m):
IMC=poids_kg/(hauteur_m)**2)
   retour rond(IMC,1)

IMC=calculer_l'IMC(70, 1,75)
imprimer(f"IMC :{IMC}")
```

Étape concrète : Créer un calculateur de pourboires

python

```
defcalculer_tip(facture, pourcentage=15):
   conseil = facture *(pourcentage)/100)
   retour rond(conseil, 2)

imprimer(calculer_pourboire(50))# 7.5
imprimer(calculer_pourboire(50, 20))# 10.0
```

Erreur courante

python
```
def ajouter(un, b):
    un +b# Aucun retour !
    imprimer("Fait")

x= ajouter(5, 3)
imprimer(x)# Aucun
```

Réparer: Ajouter le retour a + b

4.2 Arguments par défaut et arguments par mot-clé

Arguments par défaut

Définir des valeurs de repli.

python
```
def saluer(nom="Invité"):
    imprimer(f"Accueillir, {nom}!")

saluer("Seul")# Bienvenue, Sam !
saluer()       # Bienvenue, invité !
```

Arguments par mots-clés

Appelez avec nom=valeur — l'ordre n'a pas d'importance.

python

```
def commande(article, taille, quantité=1):
   imprimer(f"{quantité} {taille} {article}(s)")

commande("pizza", "grand")
commande(taille="petit", article="burger", quantité=2)
```

Combiner

python

```
defréserver_vol(destination, compagnie aérienne="Delta",
siège="économie"):
   imprimer(f« Voler vers{destination} sur {compagnie
aérienne}, siège: {siège}")

réserver_vol("Paris")
réserver_vol("Tokyo", siège="entreprise")
réserver_vol(compagnie aérienne="Uni",
destination="Londres")
```

Exemple concret : Modèle d'e-mail

python

```
defenvoyer_email(à, sujet=« Sans sujet », corps=""):
   imprimer(f"À: {à}")
   imprimer(f"Sujet: {sujet}")
   imprimer(f"Corps: {corps}\n")

envoyer_email("alice@work.com", "Réunion")
envoyer_email("bob@home.com", corps=Salut Bob !)
```

Étape concrète : Créer une carte de vœux

python

```
deffaire_carte(nom, âge=Aucun, de_personne="Ami"):
   imprimer("=== CARTE ===")
   imprimer(f"Cher {nom},")
```

```
    si âge:
        imprimer(f"Heureux {âge}10e anniversaire !)
    imprimer("Meilleurs vœux,")
    imprimer(f"-{de_personne}")
    imprimer("==========\n")

faire_carte("Lis", 10)
faire_carte("Tom")
```

Erreur courante

```python
defmauvaise_fonction(x=[],et={}):
x.append(1)
    imprimer(x)
```

Problème: La valeur par défaut est créée**une fois**→ partagé !

```python
mauvaise_fonction()# [1]
mauvaise_fonction()# [1, 1] ← Surprise !
```

Réparer:

```python
defbonne_fonction(x=Aucun):
    sixest Aucun:
x=[]
x.append(1)
    imprimer(x)
```

4.3 Fonctions Lambda : Fonctions anonymes rapides

UN **lambda**est une minuscule fonction sans nom.

Syntaxe

python
```
lambdaarguments: expression
```

Exemple

python
```
double =lambdax: x*2
imprimer(double(5))# 10
```

À utiliser avec map(), filter(), sorted()

map() – Appliquer à tous

python
```
Nombres=[1, 2, 3, 4]
au carré= liste(carte(lambdax: x**2, nombres))
imprimer(au carré)# [1, 4, 9, 16]
```

filter() – Conserver les vrais

python
```
pairs= liste(filtre(lambdax: x%2==0, nombres))
imprimer(pairs)# [2, 4]
```

sorted() – Clé personnalisée

python
```
paires=[(1, "un"), (3, "trois"), (2, "deux")]
trié par nombre=trié(paires,clé=lambdax: x[0])
imprimer(trié par numéro)
# [(1, 'un'), (2, 'deux'), (3, 'trois')]
```

Situation réelle : Trier les élèves par niveau scolaire

```python
étudiants =[
{"nom":"Seul", "grade":85},
{"nom":"Lisa", "grade":92},
{"nom":"Tom", "grade":78}
]

premier_top=trié(étudiants, clé=lambdas:
s["grade"],inverse=Vrai)
poursdanspremier_supérieur :
  imprimer(s["nom"], s["grade"])
```

Étape concrète : Lambda Playground

```python
1. Cube
cube=lambdax: x**3
imprimer(cube(3))# 27

2. Nom complet
nom et prénom =lambda d'abord, dernier:f"{d'abord} {dernier}"
imprimer(nom et prénom("Il y a", "Lovelace"))

3. Filtrer les mots longs
mots =["Salut", "Bonjour", "python"]
long= liste(filtre(lambda Dans:seulement(Dans) >3, mots))
imprimer(long)
```

Erreur courante

Lambda est trop complexe :

```python
lambdax:six>0:retourxautre:retour -x# Erreur de syntaxe
```

RéparerUtilisez une fonction régulière pour la logique.

4.4 Portée et variables globales

Portée= où une variable est accessible.

Portée locale

python
```
deffonction():
variable locale=« Je suis du coin »
   imprimer(variable_locale)

fonction()
# print(local_var) # NomErreur
```

Portée mondiale

python
```
variable_globale=« Je suis global »

deffonction():
   imprimer(variable_globale)# Peut lire

fonction()
imprimer(variable_globale)# Travaux
```

Modifier la variable globale → Utiliser la variable globale

python
```
compter =0

defincrément():
   mondial compter
   compter +=1
```

```
incrément()
imprimer(compter)  # 1
```

Remplacements locaux globaux

python
```
x=10
deffonction():
x=5# Nouveau local x
   imprimer(x)

fonction()# 5
imprimer(x)# 10
```

Monde réel : Score du match

python
```
score =0

defajouter_des_points(points):
   mondial score
   score +=points
   imprimer(f"+{points}! Total: {score}")

ajouter_points(100)
ajouter_points(50)
```

Étape concrète : Module de compteur

Créez le fichier counter.py :

python
```
clics=0
```

```
defcliquez():
   mondialclics
clics+=1
   retourclics

imprimer(cliquer())
imprimer(cliquer())
imprimer(cliquer())
```

Erreur courante

python

```
deffonction():
   imprimer(compter)  # Utilise des variables globales
   compter =5# Crée du local !
```

RéparerDéclarez d'abord le nombre global.

4.5 Principes de base de la récursivité : Résolution de problèmes étape par étape

Récursivité= la fonction s'appelle elle-même.

Cas de base + Cas récursif

python

```
defcompte à rebours(n):
   sin<=0:# Cas de base
      imprimer("Fait!")
   autre:
      imprimer(n)
compte à rebours(n-1)# Appel récursif
```

compte à rebours(3)

Sortir:

texte
3
2
1
Fait!

Factorielle

python
```
deffactorielle(n):
   sin==1:
      retour1
   autre:
      retourn*factorielle(n-1)

imprimer(factorielle(5))# 120
```

Fibonacci

python
```
defmensonge(n):
   sin<=1:
      retourn
   retourfib(n-1)+fib(n-2)

imprimer(mensonge(6))# 8
```

Cas concret : Arborescence du système de fichiers

python

```
defliste_fichiers(profondeur):
   imprimer("* profondeur +"Fichier.txt")
   si profondeur <2:
liste_fichiers(profondeur)+1)

liste_fichiers(0)
```

Étape concrète : Additionner les chiffres

```python
defsomme_chiffres(n):
   sin<10:
      retourn
   autre:
      dernier =n%10
      repos =n//10
      retour dernier +somme_chiffres(reste)

imprimer(somme_chiffres(1234))# 10
```

Erreur courante

Aucun cas de base →**Erreur de récursion**

```python
def mauvais():
   mauvais()
```

RéparerToujours définir un cas de base.

4.6 Projet : Bibliothèque utilitaire mathématique personnalisée

Construire un**module mathématique réutilisable**.

Fichier : math_utils.py

python

```
""
Bibliothèque utilitaire mathématique personnalisée
Auteur : Vous
Version : 1.0
""

def ajouter(un, b):
"""Renvoyer la somme de a et b"""
   retour un +b

defsoustraire(un, b):
"""Renvoie un moins b"""
   retour un -b

defmultiplier(un, b):
"""Retourner le produit"""
   retour un *b

def diviser(un, b):
"""Renvoie a / b, gère la division par zéro"""
   sib==0:
      retour"Erreur : Division par zéro !"
   retour un /b

def pouvoir(base, exp=2):
"""Renvoie la base élevée à exp (carré par défaut)"""
   retour base **exp

defest_pair(n):
"""Renvoie Vrai si n est pair"""
   retourn%2==0

defest_premier(n):
"""Renvoie Vrai si n est premier"""
   sin<2:
```

```
    retour FAUX
  pour je dans gamme(2, int(n**0,5)+1):
    sin% je ==0:
      retour FAUX
  retour Vrai

deffactorielle(n):
"""Retourner n! en utilisant la récursivité"""
  sin<=1:
    retour1
  retourn*factorielle(n-1)

# Raccourcis Lambda
carré =lambdax: x**2
cube=lambdax: x**3
absolu=lambdax: xsix>=0 autre -x

# Bonus : Statistiques
def signifier(Nombres):
"""Renvoie la moyenne de la liste"""
  retour
somme(nombres)/seulement(nombres)sinombresautre0

defmédiane(Nombres):
"""Renvoie la valeur moyenne"""
  sinonchiffres :
    retour0
nombres_triés=trié(Nombres)
milieu=seulement(numéros_triés)//2
  retournombres_triés[milieu]

# Test (à supprimer dans la version finale)
si __nom__ == "__principal__":
  imprimer("Test de math_utils...")
  imprimer(f"5 + 3 ={ajouter(5, 3)}")
  imprimer(f"5! ={factorielle(5)}")
  imprimer(f"Moyenne de [1,2,3,4] ={signifier([1,2,3,4])}")
```

Utilisez-le : main.py

python

```
importerutilitaires mathématiquescommedans

imprimer("=== DÉMO DE L'UTILITAIRE MATHÉMATIQUE ===")
imprimer(f"10 × 10 ={mu.multiplier(10, 10)}")
imprimer(f"7² ={mu.carré(7)}")
imprimer(f"5³ ={mu.cube(5)}")
imprimer(f"17 est premier ?{mu.est_premier(17)}")
imprimer(f"100 ! ={mu.factorielle(100)}")# Attention : grand nombre !
```

Caractéristiques incluses

- Opérations de base
- Arguments par défaut
- Lambda
- Récursivité
- Gestion des erreurs
- Docstrings
- Importation de module
- __name__ == "__main__" garde

Applications concrètes

- calcul scientifique
- Physique du jeu
- Analyse des données
- Calculatrices en ligne (Flask plus tard)

Étape concrète

1. Enregistrer math_utils.py
2. Créer main.py
3. Importer et tester 5 fonctions
4. Ajouter une nouvelle fonction : is_perfect_square(n)
5. Utilisez lambda pour double = lambda x: x * 2

Résumé des principaux points à retenir

- def nom(params): → créer une fonction
- retour → valeur de sortie
- Arguments par défaut → entrées facultatives
- Arguments par mot-clé → appel flexible
- Lambda → phrases courtes et percutantes
- Portée → locale vs globale
- mot-clé global → modifier les variables externes
- Récursivité → cas de base + cas récursif
- **Bibliothèque mathématique**= code réutilisable, documenté et importable

Vous écrivez maintenant**code propre et modulaire**.

Exercices pratiques

Exercice 1 : Convertisseur de température

python

```
defc_à_f(c):
```

```
    retour(c*9/5)+32

deff_à_c(f):
    retour(f-32)*5/9

imprimer(c_à_f(100))# 212.0
imprimer(f_à_c(32))# 0.0
```

Exercice 2 : Maximum de trois

python

```
max_de_trois=lambda un, b, c: un si (un >=bet un
>=c)autre(bsib>=cautrec)
imprimer(max_de_trois(5, 9, 2))# 9
```

Exercice 3 : Compter les voyelles

python

```
defcompter_les_voyelles(texte):
voyelles="aeiouAEIOU"
    retour somme(1 pourchardans texte sichardansvoyelles)

imprimer(compter_voyelles("Bonjour"))# 2
```

Exercice 4 : Meilleur score global

python

```
score_élevé=0

defmise à jour du score(nouveau_score):
    mondialscore_élevé
    sinouveau_score>score_élevé :
score_élevé=nouveau_score
    retourscore_élevé

imprimer(mise_à_jour_score(100))
imprimer(mise_à_jour_score(95))
imprimer(mise_à_jour_score(150))
```

Défi : Générateur de Fibonacci

python
```
defséquence fib(n):
   séquence =[]
a, b=0, 1
   pour_dans gamme(n) :
séquence.ajouter(a)
a, b=b, a+b
   retour séquence

imprimer(fib_sequence(10))
```

Vous avez créé une bibliothèque utilitaire complète. Importez-le dans les nouveaux projets.

Suivant: **Chapitre 5 – Gestion des fichiers**.

Chapitre 5

Gestion des fichiers et gestion des erreurs

5.1 Lecture et écriture de fichiers texte

Les fichiers permettent à vos programmes**Sauvegarder les données de façon permanente**— même après la fermeture.

Ouvrir un fichier

Utilisez open(nom_de_fichier, mode) :

- r = lire (par défaut)
- w = écrire (écrase)
- a = ajouter
- r+ = lire + écrire

python
```
déposer= ouvrir("note.txt", "Dans")
déposer.écrire("Bonjour, fichier !\n")
déposer.écrire(« Deuxième ligne. »)
déposer.fermer()
```

Toujours procheavec .close().

Mieux : à utiliser avec (fermeture automatique)

python
```
avec ouvrir("note.txt", "Dans")commef:
f.écrire("Ligne 1\n")
f.écrire("Ligne 2\n")
```

Pas besoin de fermer — plus sûr.

Lire le fichier en entier

python
```
avec ouvrir("note.txt", "r")commef:
    contenu =f.lire()
    imprimer(contenu)
```

Sortir:

texte
```
Ligne 1
Ligne 2
```

Lire ligne par ligne

python
```
avec ouvrir("note.txt", "r")commef:
    pour doubler dansf:
        imprimer(ligne.strip())# strip() supprime \n
```

Ajouter (à la fin)

python
```
avec ouvrir("note.txt", "un")commef:
f.écrire("Nouvelle ligne ajoutée !\n")
```

Cas pratique : Sauvegarde des entrées utilisateur

python
```
nom = saisir("Votre nom : ")
avec ouvrir("users.txt", "un")commef:
f.écrire(f"{nom}\n")
```

Étape concrète : Créer un journal

Créer journal.py :

python
```
imprimer("=== JOURNAL QUOTIDIEN ===")
entrée= saisir("Écrivez l'entrée du jour : ")

avec ouvrir("journal.txt", "un")commef:
f.écrire(f"{entrée}\n---\n")

imprimer(« Sauvé ! »)
```

Courir quotidiennement.

Erreur courante

python
```
avec ouvrir("note.txt", "Dans")commef:
f.lire()# Non pris en charge en mode écriture !
```

RéparerUtilisez le mode correct.

5.2 Utilisation des fichiers CSV : importation et exportation de données

CSV= Valeurs séparées par des virgules — comme une simple feuille de calcul.

Écrire un fichier CSV manuellement

python
```
avec ouvrir("grades.csv", "Dans")commef:
f.écrire("Nom, Maths, Sciences\n")
f.écrire("Alice,95,88\n")
f.écrire("Bob,82,90\n")
```

Lire le fichier CSV manuellement

python
```
avec ouvrir("grades.csv", "r")commef:
lignes=f.lire les lignes()
en-tête=lignes[0].strip().split(",")
   pour doubler danslignes[1:]:
valeurs=ligne.strip().split(",")
      imprimer(f"{valeurs[0]}: Mathématiques={valeurs[1]},
Science={valeurs[2]}")
```

Mieux : utiliser le module csv

python
```
importercsv

# Écrire
données =[
["Nom", "Âge", "Ville"],
["Seul", 25, "NYC"],
```

```
["Lisa", 30, "LE"]
]

avec ouvrir("people.csv", "Dans", nouvelle ligne="")commef:
écrivain=csv.writer(f)
écrivain.écrivain(données)
```

Lire au format CSV

python

```
importercsv

avec ouvrir("people.csv", "r")commef:
lecteur=csv.reader(f)
   pour rangée danslecteur :
      imprimer(rangée)
```

Sortir:

texte

```
['Nom', 'Âge', 'Ville']
['Sam', '25', 'NYC']
['Lisa', '30', 'LA']
```

Utilisez DictReader / DictWriter

python

```
# Lire comme un dictionnaire
avec ouvrir("people.csv", "r")commef:
lecteur=csv.DictReader(f)
   pour rangée danslecteur :
      imprimer(f"{rangée['Nom']} est {rangée['Âge']} dans
{rangée['Ville']}")
```

Cas concrets : Stocks d'exportation

python
```
importercsv

inventaire =[
{"nom":"Ordinateur portable", "qté":5, "prix":999,99},
{"nom":"Souris", "qté":50, "prix":25,50}
]

avec ouvrir("inventaire.csv", "Dans", nouvelle ligne="")commef:
noms de champs=["nom", "qté", "prix"]
écrivain=csv.DictWriter(f, noms_de_champs)
écrivain.écrireheader()
écrivain.écrivain(inventaire)
```

Étape concrète : Liste de tâches à accomplir avec fichier CSV

python
```
importercsv

defenregistrer_tâche(tâche):
   avec ouvrir("todo.csv", "un", nouvelle ligne="")commef:
écrivain=csv.writer(f)
écrivain.écrivain([tâche,"en attente"])

defafficher_les_tâches():
   essayer:
      avec ouvrir("todo.csv", "r")commef:
lecteur=csv.reader(f)
         pouri, lignedansénumérer(lecteur,1):
            imprimer(f"{je}.{rangée[0]}[{rangée[1]}]")
   saufErreur de fichier introuvable:
      imprimer("Aucune tâche pour l'instant !")

enregistrer_tâche(«Apprendre Python»)
afficher_tâches()
```

Erreur courante

python

```
avec ouvrir("data.csv", "Dans")commef:
écrivain=csv.writer(f)
écrivain.écrivain(["un", "b", "c"])# Oublie le saut de ligne=""
```

RéparerUtilisez newline="" pour éviter les lignes vides sous Windows.

5.3 Gestion des exceptions : blocs try-except

Des erreurs se produisent.**Ne les laissez pas faire planter votre programme.**

Essai-exception de base

python

```
essayer:
dans=int(saisir("Entrez un numéro : "))
   imprimer(100/num)
saufErreur de division par zéro:
   imprimer(«On ne peut pas diviser par zéro !»)
saufErreur de valeur:
   imprimer(« Entrez un numéro valide ! »)
```

Exceptions multiples

python

```
essayer:
   avec ouvrir("data.txt")commef:
      total = somme(int(doubler) pour doubler dansf)
```

```
saufErreur de fichier introuvable:
  imprimer("Fichier introuvable!")
saufErreur de valeur:
  imprimer("Ce fichier contient des éléments qui ne sont pas
des nombres !")
```

---

sinon et enfin

python

```
essayer:
  résultat =10/2
saufErreur de division par zéro:
  imprimer("Erreur!")
autre:
  imprimer("Succès:", résultat)
enfin:
  imprimer("Cours toujours")
```

Attrape-tout

python

```
essayer:
x=variable indéfinie
sauf Exception commeet:
  imprimer(« Quelque chose a mal tourné : »e)
```

Dans le monde réel : lecteur de fichiers sécurisé

python

```
defscores_de_lecture():
  essayer:
    avec ouvrir("scores.txt")commef:
scores=[int(ligne.strip())pour doubler dansf]
    retour somme(scores)/seulement(scores)
  saufErreur de fichier introuvable:
```

```
        imprimer("Aucun fichier de scores.")
        retour0
    saufErreur de valeur:
        imprimer("Données invalides dans le fichier.")
        retour0

imprimer("Moyenne:", lire_scores())
```

Mesure concrète : Calculatrice sécurisée

python

```
defdivision_sûre():
    essayer:
        un = flotter(saisir(Numéro 1 :))
b= flotter(saisir(Numéro 2 :))
        résultat = un /b
    saufErreur de division par zéro:
        retour«On ne peut pas diviser par zéro !»
    saufErreur de valeur:
        retour« Entrez uniquement des chiffres ! »
    autre:
        retourf"Résultat: {résultat:.2f}"
    enfin:
        imprimer("Calcul effectué.")

imprimer(safe_divide())
```

Erreur courante

python

```
essayer:
code_risqué()
sauf:# À l'exception de Bare — masque toutes les erreurs !
    passer
```

Réparer: Attraper **spécifique**exceptions.

5.4 Générer des erreurs personnalisées et conseils de débogage

Soulevez vos propres erreurs

python

```
defdéfinir_âge(âge):
   si âge <0:
      augmenterErreur de valeur(« L'âge ne peut pas être
négatif ! »)
   imprimer(f"Âge défini à{âge}")

essayer:
définir_âge(-5)
saufErreur de valeur commeet:
   imprimer("Erreur:"e)
```

Classe d'exception personnalisée

python

```
classeErreur mineur(Exception):
   passer

defvote(âge):
   si âge <18:
      augmenterErreur de mineur(« Il faut avoir plus de 18 ans
pour voter »)
   imprimer(«Vous pouvez voter !»)

essayer:
vote(16)
saufErreur mineurcommeet:
   imprimer(et)
```

Conseils de débogage

1. **Utilisez print()**
   python
   imprimer(f"DÉBOGAGE : x ={x}")

2. **Utiliser pdb (débogueur Python)**
   python
   importerpdb; pdb.set_trace()
   → Tapez n (suivant), p x (afficher x), c (continuer)

Lire les traces d'exécution
texte
Erreur de division par zéro : division par zéro
Fichier "calc.py", ligne 5, dans <module>

3. 10 / 0
   → Erreur à la ligne 5
4. **Débogueur VS Code**
   - Définir un point d'arrêt (cliquer à gauche du numéro de ligne)
   - Appuyez sur F5

Cas concrets : Valider les entrées

python
```
defobtenir_nombre_positif():
  alors que Vrai:
    essayer:
dans= flotter(saisir("Entrez un nombre positif : "))
      sidans<=0:
        augmenterErreur de valeur(«Il faut que ce soit positif
!»)
      retourdans
```

```
    saufErreur de valeur commeet:
        imprimer("Invalide:"e)

imprimer(«Vous avez saisi :», obtenir_nombre_positif())
```

Étape à suivre : Validateur d’entrée

python

```
defvalider_email(e-mail):
    si"@"pas dans e-mail ou"."pas dans e-mail:
        augmenterErreur de valeur(Format d'adresse e-mail
invalide !)
    retour Vrai

essayer:
valider_email(« mauvais courriel »)
saufErreur de valeur commeet:
    imprimer(« Réparez-le : »e)
```

Erreur courante

python

```
augmenterErreur de valeur("Mauvais!")# Sans contexte
```

Réparer:

python

```
augmenterErreur de valeur(f"Âge {âge}est invalide — doit être
> 0")
```

5.5 Application pratique : Analyseur de fichiers journaux

Construire un**analyseur de journaux** que:

- Lit le journal d'un serveur web
- Erreurs de comptage
- Trouve les adresses IP les plus courantes
- Résumé des sauvegardes

Exemple de journal (server.log)

texte
```
192.168.1.1 - GET /home 200
192.168.1.2 - POST /login 401
192.168.1.1 - GET /environ 200
192.168.1.3 - GET /admin 404
```

Code complet : log_analyzer.py

python
```
importercsv
depuiscollectionsimporter Comptoir

defcréer_un_journal_exemple():
données de journalisation=[
"192.168.1.1 - GET /home 200",
"192.168.1.2 - POST /login 401",
"192.168.1.1 - GET /environ 200",
"192.168.1.3 - GET /admin 404",
"192.168.1.2 - POST /login 401",
"192.168.1.4 - GET / 500"
]
   avec ouvrir("server.log", "Dans")commef:
f.écrire("\n".join(log_data))

defanalyse_journal():
erreurs=0
IPS=[]
codes_d'état= Comptoir()
```

```
    essayer:
        avec ouvrir("server.log", "r")commef:
            pournuméro_de_ligne, lignedansénumérer(f,1):
                essayer:
parties=ligne.strip().split()
                    siseulement(parties)<5:
                        imprimer(f"Doubler {numéro_de_ligne}Format
invalide)
                        continuer
adresse IP=parties[0]
                    statut =int(parties[-1])

ips.append(ip)
codes_statut[statut]+=1

                    si statut >=400:
erreurs+=1
                        imprimer(f"ERREUR: {statut} depuis {adresse
IP}")

                saufErreur de valeur:
                    imprimer(f"Doubler {numéro_de_ligne}: Code d'état
incorrect)
                saufErreur d'index:
                    imprimer(f"Doubler {numéro_de_ligne}: Données
manquantes)

    saufErreur de fichier introuvable:
        imprimer(« Fichier journal introuvable ! Création d'un
échantillon… »)
créer_sample_log()
        retouranalyser_log()# Réessayer

    # Résumé
    imprimer("\n"+"="*50)
    imprimer("RÉSUMÉ DE L'ANALYSE DES JOURNAUX")
    imprimer("="*50)
    imprimer(f"Nombre total de demandes :{seulement(ips)}")
    imprimer(f"Requêtes d'erreur :{erreurs}")
    imprimer(f"Taux d'erreur :{erreurs/seulement(ips)*100:.1f}%")
```

```
    siips :
adresse IP commune=Compteur(ips).plus_commun(1)[0]
        imprimer(f"Adresse IP la plus
active :{adresse_ip_commune[0]}({adresse_ip_commune[1]}de
mandes)")

    imprimer("\nDétail du code d'état :)
    pourcode, nombredanstrié(status_codes.items()):
        imprimer(f"{code}:{compter}temps(s)")

# Enregistrer le rapport
    avec ouvrir("rapport.csv", "Dans", nouvelle ligne="")commef:
écrivain=csv.writer(f)
écrivain.écrivain(["Métrique", "Valeur"])
écrivain.écrivain([« Nombre total de demandes »,
seulement(ips)])
écrivain.écrivain(["Erreurs", erreurs])
écrivain.écrivain(["Top IP", common_ip[0]siIPSautre "N / A"])

    imprimer("\nRapport enregistré sous le nom report.csv)

# Courir
si __nom__ == "__principal__":
analyser_log()
```

Exemple de sortie

```
texte
ERREUR : 401 depuis 192.168.1.2
ERREUR : 404 depuis 192.168.1.3
ERREUR : 401 depuis 192.168.1.2
ERREUR : 500 depuis 192.168.1.4

==================================================
=====
RÉSUMÉ DE L'ANALYSE DES JOURNAUX
```

==
=====
Nombre total de demandes : 6
Requêtes en erreur : 4
Taux d'erreur : 66,7 %
Adresse IP la plus active : 192.168.1.1 (2 requêtes)

Détail du code d'état :
200 : 2 fois
401 : 2 fois
404 : 1 fois
500 : 1 fois

Rapport enregistré sous le nom report.csv

Applications concrètes

- Surveillance des serveurs Web
- Suivi des erreurs
- Journaux d'activité des utilisateurs
- Importation/exportation de données

Étape concrète

1. Enregistrer sous log_analyzer.py
2. Exécutez-le
3. Modifiez le fichier server.log en ajoutant des sauts de ligne.
4. Rediffusion — voir le rapport mis à jour
5. Ouvrir le fichier report.csv dans Excel

Résumé des principaux points à retenir

- avec open() → gestion sécurisée des fichiers
- r, w, a → lire/écrire/ajouter
- Module CSV → données structurées
- try/except → prévenir les plantages
- lever → faire respecter les règles
- **Analyseur de journaux**= application réelle avec gestion des erreurs, CSV, E/S de fichiers
- Toujours gérer : FileNotFound, ValueError, IndexError

Vous maintenant**données persistantes** et **gérer l'échec avec élégance**.

Exercices pratiques

Exercice 1 : Sauvegarde de fichier

python

```
avec ouvrir("data.txt", "Dans")commef:
f.écrire(« Données importantes »)

avec ouvrir("data.txt")commesource,ouvrir("backup.txt",
"Dans")commemain:
dest.write(src.read())
```

Exercice 2 : Lecteur CSV sécurisé

python

```
importercsv

essayer:
```

```
  avec ouvrir("mauvais.csv")commef:
lecteur=csv.reader(f)
    pour rangée danslecteur :
      imprimer(int(rangée[0])+int(rangée[1]))
saufErreur de fichier introuvable:
  imprimer(« Fichier manquant »)
saufErreur de valeur:
  imprimer(« Mauvais numéro »)
```

Exercice 3 : Erreur personnalisée

python

```
classeErreur TooYoung(Exception):
  passer

defentrer_club(âge):
  si âge <21:
    augmenterErreur TooYoung(«Reviens quand tu auras 21
ans !»)
  imprimer("Accueillir!")

essayer:
entrer_club(19)
saufErreur TooYoungcommeet:
  imprimer(et)
```

Exercice 4 : Déboguer ceci

python

```
# Trouvez 3 bugs
deflire_nums():
  total =0
  avec ouvrir("nums.txt")commef:
    pour doubler dansf:
      total += doubler
  retour total

imprimer(lire_nums())
```

Réparer:

python
```
deflire_nums():
  total =0
  essayer:
    avec ouvrir("nums.txt")commef:
      pour doubler dansf:
        total +=int(ligne.strip())
  saufErreur de fichier introuvable:
    imprimer(« Fichier manquant »)
  saufErreur de valeur:
    imprimer(« Mauvais numéro »)
  retour total
```

Défi : Système d'inscription des utilisateurs

- Enregistrer dans users.csv : nom_utilisateur, mot_de_passe, date_de_création
- Valider:
  - Nom d'utilisateur (3+ caractères)
  - Mot de passe de 6 caractères ou plus
  - Nom d'utilisateur non dupliqué
- Utilisez try/except, csv, gestion d'erreurs personnalisée

Votre application survit désormais aux erreurs et sauvegarde les données.

Suivant: **Chapitre 6 – POO**.

Chapitre 6

Principes fondamentaux de la programmation orientée objet (POO)

6.1 Classes et objets : les éléments constitutifs de la programmation orientée objet

OUVRIRest une façon d'organiser le code en utilisant**objets**— des ensembles de données et de comportements.

Pensez à un**classe**comme un**plan**et un**objet**comme un**maison construite à partir de ça**.

Définir une classe

python
```
classe Chien:
   passer# vide pour le moment
```

Créer un objet (instance)

python
```
mon_chien= Chien()        # Objet 1
votre_chien= Chien()     # Objet 2
```

Chaque objet est indépendant.

Ajouter des données avec des attributs

python
```
classe Chien:
def__chaud__(soi, nom, âge):
    soi.nom = nom
    soi.âge = âge

# Créer des objets
chien1= Chien("Copain", 3)
chien2= Chien("Supérieur", 5)

imprimer(dog1.name)# Copain
imprimer(chien2.âge)# 5
```

- soi = l'objet actuel
- self.name = attribut d'instance

Ajouter un comportement avec des méthodes

python
```
classe Chien:
def__chaud__(soi, nom, âge):
    soi.nom = nom
    soi.âge = âge

def aboyer(soi):
    imprimer(f"{soi.nom}dit Ouaf !)

def anniversaire(soi):
    soi.âge +=1
    imprimer(f"{soi.nom}est maintenant{soi.âge}!")
```

Utilisez-le

python

```
chien1= Chien("Max", 2)
chien1.aboie()# Max dit Ouaf !
chien1.anniversaire()Max a maintenant 3 ans !
```

Analogie avec le monde réel

Classe	Objet
Voiture	Votre Toyota
Téléphone	iPhone 15
Étudiant	Alice Johnson

Étape concrète : Créer une classe de voitures

python

```
classe Voiture:
def__chaud__(soi, faire, modèle, année):
    soi.faire = faire
    soi.modèle = modèle
    soi.année = année
    soi.kilométrage=0

def conduire(soi, kilomètres):
    soi.kilométrage+=kilomètres
    imprimer(f"Conduite{kilomètres}miles. Total
:{soi.kilométrage}")

definfo(soi):
    imprimer(f"{soi.année} {soi.faire} {soi.modèle}")

# Test
ma_voiture= Voiture(« Toyota », "Camry", 2023)
ma_voiture.info()
```

ma_voiture.conduite(150)

Erreur courante

python
```
chien = Chien()  # TypeError : nom, âge manquant
```

Réparer: Toujours fournir les arguments requis.

6.2 Attributs et méthodes : Instance vs. Classe

Attributs et méthodes de l'instance

Appartenir à**chaque objet**.

python
```
classe Chat:
def__chaud__(soi, nom):
    soi.nom = nom  # attribut d'instance

def Miaou(soi):# méthode d'instance
    imprimer(f"{soi.nom}"Miaou")
```

Attributs et méthodes de classe

Partagé par**tous les objets**.

python
```
classe Chat:
  espèces ="Patte de chat"# attribut de classe
```

```
def__chaud__(soi, nom):
    soi.nom = nom

@méthode de classe
definfo(cls):# méthode de classe
    imprimer(f« Tous les chats sont{cls.espèces}")
```

Utilisez-le

python
```
cat1= Chat("Moustaches")
cat2= Chat("Ombre")

imprimer(cat1.espèce)# Patte de chat
imprimer(cat2.espèce)# Patte de chat

Cat.info()# Tous les chats sont des Felis catus
```

Méthodes statiques

Pas de soi ni de cls — juste de l'utilité.

python
```
@méthode statique
defnom_valide(nom):
  retourseulement(nom) >=2
```

Dans le monde réel : un compteur pour tous les chiens

python
```
classe Chien:
nombre total de chiens=0# attribut de classe

def__chaud__(soi, nom):
    soi.nom = nom
```

```
Chien.total_chiens+=1

@méthode de classe
def compter(cls):
    retourcls.total_dogs

# Test
d1= Chien("Rex")
d2= Chien("Fido")
imprimer(Chien.compte())# 2
```

Action concrète : réserver un cours avec suivi des cours

python

```
classe Livre:
total_livres=0

def__chaud__(soi, titre):
    soi.titre = titre
Livre.total_livres+=1

@méthode de classe
deftaille_bibliothèque(cls):
    retourcls.total_livres

# Test
b1= Livre("Python 101")
b2= Livre(«Développement Web»)
imprimer(Livre.taille_bibliothèque())# 2
```

Erreur courante

python

```
soi.total_dogs+=1# Crée une variable d'instance, pas une classe !
```

RéparerUtilisez ClassName.var

6.3 Constructeurs (__init__) et destructeurs

Constructeur : __init__

Courses**lorsque l'objet est créé**.

python
```
classeJoueur:
def__chaud__(soi, nom, score=0):
        soi.nom = nom
        soi.score = score
        imprimer(f"{soi.nom}a rejoint le jeu !)
```

Destructeur : __de__

Courses**lorsque l'objet est détruit**(rarement utilisé).

python
```
def __de la__(soi):
    imprimer(f"{soi.nom}a quitté le jeu.)
```

AvertissementNe vous fiez pas à __del__ — le ramasse-miettes de Python est imprévisible.

Dans le monde réel : Connexion à une base de données

python

```
classeBase de données:
def__chaud__(soi, nom):
    soi.nom = nom
    imprimer(f"Connecté à{soi.nom}")

def __de la__(soi):
    imprimer(f« Déconnecté de{soi.nom}")

# Test
base de données=Base de données("users.db")
# ... utiliser la base de données ...
de labase de données# Nettoyage des forces (non garanti)
```

Étape concrète : Classe Minuteur

python

```
importer temps

classeMinuteur:
def__chaud__(soi, tâche):
    soi.tâche = tâche
    soi.commencer =temps.temps()
    imprimer(f"Commencé: {soi.tâche}")

def __de la__(soi):
s'est écoulé=temps.temps()- soi.commencer
    imprimer(f"Fini {soi.tâche} dans {s'est écoulé:.2f}s")

# Test
t=Minuteur("Informatique")
temps.sommeil(2)
# Impression automatique à la sortie
```

Erreur courante

python

```
def__chaud__(nom):
```

```
soi.nom = nom  # Moi-même en manque !
```

Réparer: Incluez toujours self comme premier paramètre.

6.4 Héritage : Extension des classes

Héritage= créer une nouvelle classe à partir d'une classe existante.

Classe parente (de base)

python
```
classe Animal:
def__chaud__(soi, nom):
    soi.nom = nom

def manger(soi):
    imprimer(f"{soi.nom}mange")

def dormir(soi):
    imprimer(f"{soi.nom}dort)
```

Classe enfant (dérivée)

python
```
classe Chien(Animal):# Héritage de l'animal
def aboyer(soi):
    imprimer(f"{soi.nom}dit Ouaf !)
```

Utilisez-le

python
```
chien = Chien("Copain")
chien.manger()# Hérité
chien.aboie()# Nouveau
```

super() – Appeler la méthode parente

python
```
classe Chat(Animal):
def__chaud__(soi, nom, vies=9):
    super().__chaud__(nom)  # Appeler Animal.__init__
    soi.vies = vies

def Miaou(soi):
    imprimer(f"{soi.nom}dit Miaou !)
```

Cas concret : Hiérarchie des employés

python
```
classe Employé:
def__chaud__(soi, nom, salaire):
    soi.nom = nom
    soi.salaire = salaire

def travail(soi):
    imprimer(f"{soi.nom}« fonctionne »)

classe Directeur(Employé):
def__chaud__(soi, nom, salaire, département):
    super().__chaud__(nom, salaire)
    soi.département = département

def embaucher(soi):
    imprimer(f"{soi.nom}embauches pour{soi.département}")
```

Action concrète : Véhicule → Voiture → Voiture électrique

python
```
classe Véhicule:
```

```
def__chaud__(soi, marque):
    soi.marque = marque

def commencer(soi):
    imprimer(f"{soi.marque}le moteur a démarré)

classe Voiture(Véhicule):
def__chaud__(soi, marque, portes):
    super().__chaud__(marque)
    soiportes=portes

classeVoiture électrique(Voiture):
def charge(soi):
    imprimer(f"{soi.marque}est en charge")

# Test
Tesla=Voiture électrique("Tesla", 4)
tesla.démarrer()
tesla.charge()
```

Erreur courante

python

```
super().__chaud__()# Oublie les arguments
```

RéparerTransmettre les arguments nécessaires de l'enfant au parent.

6.5 Polymorphisme et redéfinition de méthodes

Polymorphisme= même méthode, comportement différent.

Surcharger une méthode

python
```
classe Oiseau:
def parler(soi):
    imprimer("Tweetez !")

classe Perroquet(Oiseau):
def parler(soi):# Remplacement
    imprimer("Bonjour!")

classe Hibou(Oiseau):
def parler(soi):
    imprimer("Huée!")
```

Utilisez-le

python
```
oiseaux=[Oiseau(), Perroquet(), Hibou()]
pour oiseau dansoiseaux :
oiseau.parle()
```

Sortir:

texte
```
Tweet !
Bonjour!
Huée!
```

Système de paiement dans le monde réel

python
```
classe Paiement:
def payer(soi, montant):
    imprimer(f"Traitement de ${montant}")

classeCarte de crédit(Paiement):
def payer(soi, montant):
```

```
        imprimer(f"Charger ${montant}à la carte de crédit)

classePayPal(Paiement):
def payer(soi, montant):
        imprimer(f"Payer ${montant}via PayPal)
```

Étape concrète : Calculateur de surface de forme

python

```
classe Forme:
def zone(soi):
        retour0

classe Rectangle(Forme):
def__chaud__(soi, Dans, h):
        soi.Dans = Dans
        soi.h=h
def zone(soi):
        retour soi.Dans * soi.h

classe Cercle(Forme):
def__chaud__(soi, r):
        soi.r=r
def zone(soi):
        retour3.14* soi.r**2

# Test
formes= [Rectangle(4, 5), Cercle(3)]
poursdansformes :
    imprimer(f"Zone: {s.aire()}")
```

Erreur courante

python

```
def zone(soi):# Oublie la surcharge dans l'enfant
    retour0
```

Réparer: À implémenter dans chaque enfant.

6.6 Encapsulation : attributs et propriétés privés

Encapsulation= masquer les détails internes.

Attributs privés (altération de nom)

python
```
classeCompte bancaire:
def__chaud__(soi, équilibre):
    soi.__équilibre = équilibre  # privé

def dépôt(soi, montant):
    si montant >0:
      soi.__équilibre += montant

defobtenir_équilibre(soi):
    retour soi.__équilibre
```

python
```
acc=Compte bancaire(100)
# acc.__balance # Erreur d'attribut
imprimer(acc.get_balance())# 100
acc.dépôt(50)
imprimer(acc.get_balance())# 150
```

Propriétés (@propriété)

Contrôler l'accès comme les attributs.

```python
classe Personne:
def__chaud__(soi, nom):
        soi._nom = nom

@propriété
def nom(soi):
        retour soi._nom.majuscule()

@nom.setter
def nom(soi, valeur):
        siseulement(valeur) <2:
           augmenterErreur de valeur("Nom trop court")
        soi._nom = valeur
```

```python
p= Personne("seul")
imprimer(nom du candidat)# JE SUIS
p.name="Alice"   # D'ACCORD
# p.name = "A" # ValueError
```

Utilisation réelle : Convertisseur de température

```python
classeCelsius:
def__chaud__(soi, temp=0):
        soi._temp=temp

@propriété
deftemp(soi):
        retour soi._temp

@temp.setter
deftemp(soi, valeur):
        si valeur < -273,15:
           augmenterErreur de valeur("En dessous du zéro absolu
!")
        soi._temp= valeur
```

```
@propriété
defFahrenheit(soi):
      retour soi._temp*9/5+32
```

Mesure concrète : SafeCounter

python

```
classeSafeCounter:
def__chaud__(soi):
      soi.__compter =0

@propriété
def compter(soi):
      retour soi.__compter

defincrément(soi):
      soi.__compter +=1

# Test
c=SafeCounter()
c.incrémenter()
imprimer(c.count)# 1
# c.__count = 100 # Aucun effet
```

Erreur courante

python

```
soi.équilibre = équilibre  # Public — tout le monde peut changer
!
```

RéparerUtilisez __balance ou @property

6.7 Projet pratique : Simulation de compte bancaire

Construire un**système bancaire réaliste**.

Caractéristiques

- Plusieurs types de comptes
- Déposer, retirer
- Virement entre comptes
- Historique des transactions
- Intérêts (Épargne)
- Découvert (compte courant)

Code complet : bank.py

python

```
depuisdate et heureimporterdate et heure

classeCompte bancaire:
def__chaud__(soi, propriétaire, équilibre=0):
    soi.propriétaire = propriétaire
    soi.__équilibre = équilibre
    soi.__histoire =[]
    soi._enregistrer(« Compte créé »)

def _enregistrer(soi, action):
horodatage=datetime.now().strftime("%Y-%m-%d%H:%M:%S")
    soi.__history.append(f"[{horodatage}]{action}")

def dépôt(soi, montant):
    si montant <=0:
      augmenterErreur de valeur(« Le dépôt doit être positif »)
    soi.__équilibre += montant
    soi._enregistrer(f"Déposé ${montant:.2f}")
    retour soi.__équilibre
```

```
def retirer(soi, montant):
      si montant <=0:
         augmenterErreur de valeur(«Le retrait doit être positif»)
      si montant > soi.__équilibre:
         augmenterErreur de valeur(« Fonds insuffisants »)
      soi.__équilibre -= montant
      soi._enregistrer(f"Retiré ${montant:.2f}")
      retour soi.__équilibre

def transfert(soi, compte, montant):
      soi.retirer(montant)
vers_compte.dépôt(montant)
      soi._enregistrer(f"Transféré ${montant:.2f} à {propriétaire
du compte}")

@propriété
def équilibre(soi):
      retour soi.__équilibre

@propriété
def histoire(soi):
      retour soi.__histoire[:]

classeCompte d'épargne(Compte bancaire):
def__chaud__(soi, propriétaire, équilibre=0, taux
d'intérêt=0,02):
      super().__chaud__(propriétaire, solde)
      soi.taux_d'intérêt=taux d'intérêt

defpostuler_intérêt(soi):
      intérêt = soi.équilibre * soi.taux_d'intérêt
      soi.dépôt(intérêts)
      soi._enregistrer(f"Intérêts ajoutés : ${intérêt:.2f}")

classeCompte courant(Compte bancaire):
def__chaud__(soi, propriétaire, équilibre=0, limite de
découvert=100):
      super().__chaud__(propriétaire, solde)
      soi.limite_de_découvert=limite de découvert
```

```
def retirer(soi, montant):
    si montant > soi.équilibre + soi.limite_de_découvert :
      augmenterErreur de valeur(f"Dépasse la limite de
découvert de ${soi.limite_de_découvert}")
vieux_équilibre= soi.équilibre
    super().retirer(montant)
    si soi.équilibre <0:
      soi._enregistrer(f"Découvert utilisé :
${-soi.équilibre:.2f}")

# Démo
defdémo():
  imprimer("=== SIMULATION BANCAIRE ===\n")

économies=Compte d'épargne("Alice", 1000)
vérification=Compte courant("Bob", 500)

  imprimer(f"{économies.propriétaire}Économies : ${solde
d'épargne}")
  imprimer(f"{vérification du propriétaire}Vérification :
${vérification du solde}\n")

# Transactions
épargne.dépôt(500)
vérification.retrait(200)
épargne.transfert(chèque,300)
économies.appliquer_les_intérêts()

  imprimer("\n--- Historique des transactions ---")
  imprimer(f"\n{économies.propriétaire}« Épargne de » :)
  pourentréedansépargne.historique :
    imprimer(entrée)

  imprimer(f"\n{vérification du propriétaire}Vérification de :)
  pourentréedansvérification de l'historique :
    imprimer(entrée)

si __nom__ == "__principal__":
démo()
```

Exemple de sortie

texte

```
=== SIMULATION BANCAIRE ===

Épargne d'Alice : 1000 $
Bob Checking : 500 $

--- Historique des transactions ---

Les économies d'Alice :
[2025-04-05 10:30:22] Compte créé
[2025-04-05 10:30:22] Dépôt de 500,00 $
[2025-04-05 10:30:22] Transfert de 300,00 $ à Bob
[2025-04-05 10:30:22] Dépôt de 24,00 $
[2025-04-05 10:30:22] Intérêts ajoutés : 24,00 $

Vérification de Bob :
[2025-04-05 10:30:22] Compte créé
[2025-04-05 10:30:22] Retrait de 200,00 $
[2025-04-05 10:30:22] Dépôt de 300,00 $
```

Applications concrètes

- Applications bancaires
- Personnages de jeu
- Paniers d'achat en ligne
- Profils d'utilisateurs

Étape concrète

1. Enregistrer sous bank.py
2. Exécuter la démo()

3. Créez vos propres comptes
4. Ajouter une classe JointAccount
5. Des frais supplémentaires s'appliquent pour tout découvert autorisé.

Résumé des principaux points à retenir

- **Classe**= plan,**Objet**= instance
- soi → objet actuel
- __init__ → constructeur
- **Héritage**→ réutiliser le code
- **Polymorphisme**→ même méthode, comportement différent
- **Encapsulation**→ masquer avec __ et @propriété
- **Système bancaire**= Programmation orientée objet complète : héritage, surcharge, données privées, journalisation

Vous construisez maintenant**systèmes du monde réel**avec la POO.

Exercices pratiques

Exercice 1 : Classe étudiante

python
```
classe Étudiant:
def__chaud__(soi, nom):
    soi.nom = nom
    soinotes=[]
```

```
defajouter_niveau(soi, grade):
    soi.notes.append(note)

def moyenne(soi):
    retour somme(soi.notes)/seulement(soi.notes)si
soinotesautre0

s= Étudiant("Mon")
s.ajouter_grade(90)
s.ajouter_grade(85)
imprimer(s.average())# 87.5
```

Exercice 2 : Rectangle et carré

python

```
classe Rectangle:
def__chaud__(soi, Dans, h):
    soi.Dans = Dans
    soi.h=h
def zone(soi):
    retour soi.Dans * soi.h

classe Carré(Rectangle):
def__chaud__(soi, côté):
    super().__chaud__(côté, côté)
```

Exercice 3 : Mot de passe privé

python

```
classe Utilisateur:
def__chaud__(soi, nom d'utilisateur, mot de passe):
    soi.nom d'utilisateur = nom d'utilisateur
    soi.__mot de passe = mot de passe

defvérifier_mot_de_passe(soi, tentative):
    retour soi.__mot de passe == tentative
```

Exercice 4 : @propriété pour l’e-mail

```python
classe Personne:
def__chaud__(soi, e-mail):
      soi.e-mail = e-mail  # utilise le setter

@propriété
def e-mail(soi):
      retour soi._e-mail

@email.setter
def e-mail(soi, valeur):
      si"@"pas dans valeur:
         augmenterErreur de valeur(« Adresse électronique
invalide »)
      soi._e-mail = valeur
```

Défi : Système de bibliothèque

Construire:

- Livre (titre, auteur, ISBN)
- Bibliothèque avec les fonctions ajouter_livre, prêter_livre et rendre_livre
- disponibilité des pistes
- Utiliser l'héritage : Livre numérique, Livre audio

Vous avez créé une application bancaire complète avec la programmation orientée objet.

Suivant: **Chapitre 7 – Python avancé**.

Chapitre 7

Concepts avancés de Python

7.1 Modules et packages : Importer et créer les vôtres

UN **module**est un fichier .py contenant du code réutilisable.

UN **emballer**est un dossier de modules.

Importer les modules intégrés

python
```
importer mathématiques
imprimer(math.pi)# 3.14159...
imprimer(math.sqrt(16))# 4.0

depuisaléatoireimporterdate
imprimer(datation(1, 10))

importerdate et heurecommedt
imprimer(dt.date.aujourd'hui())
```

Créez votre propre module

Fichier : utils.py

python
```
def saluer(nom):
```

```
    retourf"Bonjour, {nom}!"

defest_pair(n):
    retourn%2==0

PI=3,14159
```

Utilisez-le :

python

```
importerutilitaires
imprimer(utils.salutation("Seul"))
imprimer(utils.is_even(4))
```

Ou:

python

```
depuisutilitairesimporter saluer, PI
imprimer(saluer("Lisa"))
```

Créer un paquet

Dossier : monpackage/

texte

```
mon colis/
__init__.py
math_tools.py
string_tools.py
```

math_tools.py :

python

```
def carré(x):
    retourx**2
```

__init__.py (peut être vide) :

python
```
depuis.outils_mathématiquesimporter carré
```

Utiliser:

python
```
depuismon colisimporter carré
imprimer(carré(5))# 25
```

Monde réel : Module de configuration

config.py :

python
```
URL DE LA BASE DE DONNÉES="sqlite:///app.db"
DÉBOGUER= Vrai
CLÉ SECRÈTE="top secret"
```

main.py :

python
```
importerconfiguration
imprimer(config.URL DE LA BASE DE DONNÉES)
```

Étape concrète : Créer un module converter.py

python
```
# convertisseur.py
defc_à_f(c):
   retourc*9/5+32

deff_à_c(f):
   retour(f-32)*5/9

defkg_to_lb(kg):
```

```
    retourkg*2,20462
```

Utiliser dans main.py :

python
```
depuisconvertisseurimporterc_to_f, kg_to_lb
imprimer(c_à_f(100))# 212.0
imprimer(kg_en_lb(70))# 154.3234
```

Erreur courante

python
```
importermonmodule# Erreur de fichier introuvable
```

RéparerEnregistrez le fichier dans le même dossier ou ajoutez-le à PYTHONPATH.

7.2 Expressions régulières : correspondance de motifs et traitement de texte

Expressions régulières= rechercher, valider, extraire des modèles dans un texte.

Importer re

python
```
importer concernant
```

Modèles de base

Modèle	Signification
.	N'importe quel personnage
*	0 ou plus
+	1 ou plus
?	0 ou 1
\d	Chiffre
\Dans	Word char
\s	Espace
^	Commencer
$	Fin

---

re.search() – Trouver la première correspondance

python

```
texte ="Appelez-moi au 415-555-1234"
correspondre = recherche(r"\d{3}-\d{3}-\d{4}", texte)
si correspondre:
  imprimer(match.group())# 415-555-1234
```

---

re.findall() – Toutes les correspondances

python

```
courriels="a@x.com, b@y.org, c@z.net"
trouvé =re.findall(r"\Dans+@\Dans+\.\Dans+", courriels)
imprimer(trouvé)  # ['a@x.com', 'b@y.org', 'c@z.net']
```

---

re.sub() – Remplacer

python

```
texte =Prix : 100,50 $
faire le ménage =re.sub(r"$\d+\.\d{2}", "[PRIX]", texte)
imprimer(faire le ménage)  # Prix : [PRIX]
```

Cas pratique : Valider l'adresse e-mail

python

```
defest_valide_email(e-mail):
   modèle =r"^[\Dans\.-]+@[\Dans\.-]+\.\Dans+$"
   retourbooléen(re.match(pattern, email))

imprimer(est_valide_email("test@example.com"))# Vrai
imprimer(est_valide_email(« mauvais courriel »))# FAUX
```

Étape à suivre : Validateur de mot de passe

python

```
defvérifier_mot_de_passe(pw):
   siseulement(pw)<8:
      retour« Trop court »
   sinon recherche(r"[A-Z]", pw):
      retour"Nécessite des majuscules"
   sinon recherche(r"\d", pw):
      retour"Numéro nécessaire"
   retour "Fort!"

imprimer(vérifier_mot_de_passe("Pass123"))# Doit être en
majuscules
imprimer(vérifier_mot_de_passe("MotDePasse123"))# Fort!
```

Erreur courante

```python
recherche(r"\d+", "abc")# Ne renvoie rien → plantage sur .group()
```

Réparer:

```python
correspondre = recherche(r"\d+", texte)
si correspondre:
   imprimer(match.group())
```

7.3 Utilisation des dates et des heures (module Datetime)

Gérer les dates, les heures et le formatage.

Importer

```python
depuisdate et heureimporterdate, date et heure, intervalle de temps
```

Date/heure actuelle

```python
aujourd'hui =date.aujourd'hui()
imprimer(aujourd'hui)          # 2025-04-05
imprimer(aujourd'hui.année)# 2025

maintenant =datetime.now()
imprimer(maintenant)          # 2025-04-05 10:30:22.123456
```

Créer une date personnalisée

python
```
anniversaire = date(2000, 5, 15)
imprimer(anniversaire)       # 15/05/2000
```

Format avec strftime

python
```
maintenant =datetime.now()
imprimer(maintenant.strftime("%Y-%m-%d"))# 2025-04-05
imprimer(maintenant.strftime("%b %d, %ET"))# 5 avril 2025
imprimer(maintenant.strftime("%I:%M %p"))10h30
```

Analyser avec strptime

python
```
date_str="2025/04/05"
dt=datetime.strptime(date_str,"%Y/%m/%d")
imprimer(dt)# 2025-04-05 00:00:00
```

Deltas temporels

python
```
aujourd'hui =date.aujourd'hui()
semaine plus tard= aujourd'hui +timedelta(jours=7)
imprimer(semaine_plus tard)

il y a quelques heures=datetime.now()-timedelta(heures=3)
```

Calculateur d'âge dans le monde réel

python

```
depuisdate et heureimporter date

defcalculer_âge(date_de_naissance):
   aujourd'hui =date.aujourd'hui()
   âge =aujourd'hui.année-date_de_naissance.année
   si(aujourd'hui.mois, aujourd'hui.jour)<(date_naissance.mois,
date_naissance.jour) :
       âge -=1
   retour âge

né = date(1995, 8, 22)
imprimer(f"Âge: {calculer_âge(naissance)}")
```

Action à entreprendre : Rappel d'événement

python

```
depuisdate et heureimporterdatetime, timedelta

événement =datetime(2025, 12, 25, 18, 0)
maintenant =datetime.now()
temps restant = événement - maintenant

sitemps_restant.total_secondes()>0:
   imprimer(f"Noël à{temps_restant.jours} jours!")
autre:
   imprimer(« L'événement est terminé ! »)
```

Erreur courante

python

```
date(2025, 13, 1)# ValueError : le mois doit être compris entre 1
et 12
```

Réparer: Valider les données saisies.

7.4 Générateurs et itérateurs pour un code efficace

Générateur= fonction qui renvoie les valeurs une à une — économise de la mémoire.

rendement au lieu de retour

python

```
defcompter_jusqu'à(n):
   je =1
   alors que je <=n:
      rendement je
      je +=1

pourdansdanscompter_jusqu'à(5):
   imprimer(num)
```

Sortir:

texte

```
1
2
3
4
5
```

Expression génératrice

python

```
carrés=(x**2 pourxdans gamme(1, 6))
imprimer(liste(carrés))# [1, 4, 9, 16, 25]
```

Pourquoi utiliser des générateurs ?

- Processus **fichiers volumineux**ligne par ligne
- séquences infinies
- Démarrage plus rapide

Cas pratique : lecture d'un fichier journal volumineux

python

```
deflire_journaux(nom de fichier):
   avec ouvrir(nom de fichier) commef:
      pour doubler dansf:
         rendementligne.strip()

# Utiliser
pour enregistrer danslire_journaux("big.log"):
   si "ERREUR" dans enregistrer:
      imprimer(enregistrer)
```

Étape concrète : Générateur de Fibonacci

python

```
deffibre_gen(limite):
a, b=0, 1
   alors que un <=limite :
      rendement un
a, b=b, a+b

imprimer(liste(fib_gen(100)))
# [0, 1, 1, 2, 3, 5, 8, 13, 21, 34, 55, 89]
```

Erreur courante

python

```
gen=compter_jusqu'à(3)
suivant(général)
```

```
suivant(général)
suivant(général)
suivant(général)# StopIteration
```

RéparerUtilisez une boucle for ou gâchez les exceptions.

7.5 Décorateurs : Amélioration dynamique des fonctions

Décorateur= fonction qui encapsule une autre fonction.

Décorateur simple

python

```
def crier(fonction):
defemballage(texte):
      retourfonction(texte).upper()+"!!!"
   retouremballage

@crier
def saluer(nom):
   retourf"Bonjour, {nom}"

imprimer(saluer("seul"))# SALUT, SAM !!!
```

Avec arguments

python

```
defminuterie(fonction):
   importer temps
defemballage(*arguments, **arguments kwargs):
      commencer =temps.temps()
      résultat =fonction(*arguments,**(kwargs)
      fin =temps.temps()
```

```
        imprimer(f"{fonction.__nom__} a pris
{fin-commencer:.4f}s")
        retour résultat
    retouremballage

@minuteur
defslow_square(n):
temps.sommeil(1)
    retourn**2

imprimer(carré_lent(5))
```

Plusieurs décorateurs

python
```
@crier
@minuteur
defdire_bonjour():
    retour "Salut"

dire_bonjour()
```

Dans le monde réel : Connexion requise

python
```
defconnexion_obligatoire(fonction):
defemballage(utilisateur):
        sinonutilisateur.get("connecté"):
            retour«Veuillez vous connecter !»
        retourfonction(utilisateur)
    retouremballage

@connexion_obligatoire
def tableau de bord(utilisateur):
    retourf"Accueillir, {utilisateur['nom']}!"

imprimer(tableau de bord({"nom":"Tom", "connecté":Vrai}))
```

```
imprimer(tableau de bord({"nom":"Bob"}))
```

Action à entreprendre : Décorateur de cache

python

```
defcache(fonction):
  mémoire ={}
defemballage(n):
    sinpas dans mémoire:
mémoire[n]=fonction(n)
    retourmémoire[n]
  retouremballage

@cache
deffibonacci(n):
  sin<2:
    retourn
  retourfibonacci(n-1)+fibonacci(n-2)

imprimer(fibonacci(10))# Rapide
imprimer(fibonacci(10))# Instantané (en cache)
```

Erreur courante

python

```
@crier
def ajouter(un, b):
  retour un +b
ajouter(2, 3)# TypeError : wrapper() prend 1 argument
```

RéparerUtilisez *args, **kwargs dans le wrapper.

7.6 Projet : Analyseur de texte pour l'extraction de données

Construire un**analyseur de journaux** que:

- Lit des textes illisibles
- Extrait les adresses e-mail, les numéros de téléphone et les dates.
- Enregistre au format CSV
- Utilise des expressions régulières, des générateurs et des modules

---

Exemple d'entrée : sample.txt

texte

```
Contact : john.doe@email.com | Téléphone : 555-123-4567
Réunion le 15/04/2025 à 15h00 avec jane@work.org
Appelez le 415.555.9876 avant le 31 décembre 2025
```

Module : parser.py

python

```
importer concernant
importercsv
depuisdate et heureimporterdate et heure

# Modèles d'expressions régulières
MODÈLE_DE_COURRIEL=r"[a-zA-Z0-9._%+-]+@[a-zA-Z0-9.-]
+\.[a-zA-Z]{2,}"
MODÈLE_TÉLÉPHONE=r"\(?\d{3}\)?[-.\s]?\d{3}[-.\s]?\d{4}"
MODÈLE DE DATE=r"\d{4}[/-]\d{2}[/-]\d{2}"

defextraire_les_courriels(texte):
   retourre.findall(MODÈLE_DE_COURRIEL, texte)
```

```
defextraire_les_téléphones(texte):
   retourre.findall(MODÈLE_TÉLÉPHONE, texte)

defextraire_dates(texte):
dates=re.findall(MODÈLE DE DATE, texte)
   retour[datetime.strptime(d.replace("/",
"-"),"%Y-%m-%d").date() pour d dansdates]

defanalyser_fichier(nom de fichier):
"""Générateur : génère les données d'une ligne à la fois"""
   avec ouvrir(nom de fichier, "r")commef:
      pour doubler dansf:
         doubler =ligne.strip()
         sinon doubler:
            continuer
         rendement{
« courriels »: extraire_emails(ligne),
"téléphones": extraire_téléphones(ligne),
"dates": extraire_dates(ligne),
            "brut": doubler
}

defenregistrer_au_csv(data_gen, fichier de sortie):
   avec ouvrir(fichier_sortie,"Dans", nouvelle ligne="")commef:
écrivain=csv.writer(f)
écrivain.écrivain(["Ligne brute", « Courriels », "Téléphones",
"Dates"])
      pour article dansdata_gen :
écrivain.écrivain([
            article["brut"],
"; ".join(item[« courriels »]),
"; ".join(item["téléphones"]),
"; ".join([d.isoformat()pour d dans article["dates"]])
])

# Test
si __nom__ == "__principal__":
   imprimer("Analyse de sample.txt...")
   données = liste(analyse_fichier("sample.txt"))
   pour d dans données:
```

```
    imprimer(d)
enregistrer_au_csv(analyser_fichier("sample.txt"),"extrait.csv")
  imprimer("Enregistré dans extracted.csv")
```

---

main.py

python

```
depuisanalyseurimporteranalyser_fichier, enregistrer_au_csv

imprimer("=== ANALYSE DE TEXTE ===")
pourentréedansanalyser_fichier("sample.txt"):
  imprimer(f"Doubler: {entrée['brut']}")
  sientrée[« courriels »]:
    imprimer(f" Courriels :{', '.join(entrée[« courriels »])}")
  sientrée['téléphones']:
    imprimer(f" Téléphones :{', '.join(entrée['téléphones'])}")
  sientrée['dates']:
    imprimer(f" Dates :{', '.join([d.strftime('%Y-%m-%d')pour d
dansentrée['dates']])}")

enregistrer_au_csv(analyser_fichier("sample.txt"),"output.csv")
```

Exemple de sortie

texte

```
=== ANALYSE DE TEXTE ===
Ligne : Contact : john.doe@email.com | Téléphone :
555-123-4567
Courriels : john.doe@email.com
Téléphone : 555-123-4567
Ligne : Réunion le 15/04/2025 à 15h00 avec jane@work.org
Courriels : jane@work.org
Dates : 15 avril 2025
Ligne téléphonique : Appelez le 415.555.9876 avant le 31
décembre 2025
Téléphone : 415.555.9876
Dates : 31 décembre 2025
```

Enregistré dans output.csv

---

output.csv

csv
Ligne brute,Courriels,Téléphones,*Dates*
"Contact : john.doe@email.com | Téléphone : 555-123-4567",john.doe@email.com,555-123-4567,
"Réunion le 15/04/2025 à 15h00 avec jane@work.org",jane@work.org,,*15 avril 2025*
"Appelez le 415.555.9876 avant le 31-12-2025","",415.555.9876,*31 décembre 2025*

Applications concrètes

- Analyse des journaux
- Extraction de données Web
- Nettoyage des données
- Génération de rapports

Étape concrète

1. Créez un fichier sample.txt avec 5 lignes désordonnées
2. Enregistrez parser.py et main.py
3. Exécutez main.py
4. Ouvrir le fichier output.csv
5. Ajouter l'extraction d'URL : r"https?://\S+"

Résumé des principaux points à retenir

- **Modules**→ fichiers de code réutilisables
- **Colis**→ modules organisés
- **Expressions régulières**→ recherche textuelle puissante
- **date et heure**→ gérer les dates et heures
- **Générateurs**→ boucles économes en mémoire
- **Décorateurs**→ améliorer les fonctions
- **Analyseur de texte**= application complète avec tous les concepts

Vous écrivez maintenant**Python professionnel et efficace**.

Exercices pratiques

Exercice 1 : Module personnalisé stats.py

python

```
# stats.py
def signifier(Nombres):
    retour
somme(Nombres)/seulement(Nombres)siNombresautre0

defmédiane(Nombres):
s=trié(Nombres)
milieu=seulement(s)//2
    retours[mid]siseulement(s)%2 autre(s[mid-1]+s[mid])/2
```

Utiliser:

python

```
depuisstatistiquesimportermoyenne, médiane
imprimer(signifier([1,2,3,4]))# 2.5
```

Exercice 2 : Trouver des URL

python
```
texte ="Visitez https://example.com et http://test.org"
URL=re.findall(r"https?://[^\s]+", texte)
imprimer(URL)
```

Exercice 3 : Générateur de compte à rebours

python
```
defcompte à rebours(n):
  alors quen>0:
    rendementn
n-=1

pourxdanscompte à rebours(5):
  imprimer(x)
```

Exercice 4 : Décorateur @retry

python
```
importer temps
defréessayer(tentatives):
defdécorateur(fonction):
defemballage(*arguments, **arguments kwargs):
      pour je dans gamme(tentatives) :
        essayer:
          retourfonction(*arguments,**(kwargs)
        sauf:
          si je ==tentatives-1:
            augmenter
temps.sommeil(1)
      retouremballage
    retourdécorateur

@retry(3)
```

```
deffloconneux():
   importeraléatoire
   sialéatoire.aléatoire()<0,7:
      augmenterErreur de valeur("Échoué")
   retour "Succès!"

imprimer(floconneux())
```

Défi : Analyseur de factures

Analyser le texte de la facture :

- Extrait : Facture n° 123, Date : 05/04/2025, Total : 99,99 $
- Enregistrer au format JSON
- Utilisez générateur, expression régulière, date et heure

Vous avez créé un outil complet d'extraction de données.

Suivant: **Chapitre 8 – Notions de base du HTML**.

Chapitre 8

Introduction au HTML – Les fondements des pages Web

8.1 Notions de base du HTML : balises, éléments et structure du document

HTML(HyperText Markup Language) est la structure de base de chaque page web.

Il l'indique au navigateur**quoi**contenu à montrer et**comment**pour le structurer.

Balises et éléments

- **Étiqueter**: <p> — une commande
- **Élément**: <p>Bonjour</p> — balise ouvrante + contenu + fermante
- **À fermeture automatique**: <img src="pic.jpg" />

Structure de base du document

HTML

```
<!DOCTYPEHTML>
<HTMLjuste="dans">
<tête>
```

```
<métajeu de caractères="UTF-8">
<méta nom="fenêtre d'affichage"
contenu="largeur=largeur-de-l'appareil, échelle-initiale=1.0">
<titre>Ma première page</titre>
</tête>
<corps>
<h1>Bienvenue !</h1>
<p>Ceci est un paragraphe.</p>
</corps>
</HTML>
```

Partie	But
<!DOCTYPE html>	Indique au navigateur qu'il s'agit de HTML5
<html>	Élément racine
<head>	Métadonnées (non visibles)
<title>	Titre de l'onglet
<corps>	Contenu visible

Enregistrer et afficher

1. Créer index.html
2. Collez le code ci-dessus
3. Ouvrir dans le navigateur (double-cliquer sur le fichier)

Utilisation réelle

Chaque site web (Google, Amazon, YouTube) commence par cette structure.

Étape concrète : Votre premier fichier HTML

Créer hello.html :

HTML
```
<!DOCTYPEHTML>
<HTML>
<tête>
<titre>Bonjour le monde</titre>
</tête>
<corps>
<pBonjour, j'apprends le HTML !p>
</corps>
</HTML>
```

Ouvrir dans le navigateur. Modifier le texte. Actualiser.

Erreur courante

HTML
```
<pBonjour<!-- Balise de fermeture manquante -->
```

Réparer: Toujours fermer les balises : </p>

8.2 Titres, paragraphes et mise en forme du texte

Titres : <h1> à <h6>

HTML

```
<h1>Titre principal</h1>
<h2>Titre de la section</h2>
<h3>Sous-section</h3>
```

Paragraphes : <p>

HTML

```
<p>Ceci est un paragraphe. Il peut être long ou court.</p>
<p>Un autre paragraphe.</p>
```

Mise en forme du texte

Étiqueter	Effet
<strong>	**Audacieux**
<em>	*Italique*
<dans>	Souligner
<s>	barré
<code>	monospace
 	Saut de ligne
<hr>	Ligne horizontale

HTML

```
<p><fort>Important :</fort> Lisez ceci <dans>avec
précaution</dans>.</p>
<p>Utilisez <code>print()</code> en Python.</p>
```

Dans le monde réel : article de blog

HTML
```
<h1>Comment j'ai appris Python</h1>
<p><fort>Voyage</fort> de zéro aux applications web.</p>
<p>J'ai commencé par <code>print("Bonjour")</code> et
maintenant construisez <dans>Flaque</dans> sites.</p>
```

Étape concrète : Section « À propos de moi »

HTML
```
<h1>À propos de moi</h1>
<p><fort>Nom:</fort> Alex</p>
<p>J'aime <dans>codage</dans> et <dans>café</dans>.</p>
<heure>
<p>Apprentissage <code>HTML + Python</code> en 2024
!</p>
```

Enregistrer. Afficher. Modifier.

Erreur courante

HTML
```
<H1>Grand texte</H1><!-- Fonctionne, mais de manière
irrégulière -->
```

Réparer: Utiliser **minuscule**Des étiquettes pour assurer la cohérence.

8.3 Liens et images : hyperliens et intégration de médias

Liens : <a href="...">

HTML

```
<unhref="https://python.org">Visitez Python.org</un>
```

- href = destination
- Texte entre balises = cliquable

Ouvrir dans un nouvel onglet

HTML

```
<unhref="https://github.com" cible="_vide">GitHub</un>
```

Lien vers le fichier local

HTML

```
<unhref="contact.html">Contactez-moi</un>
```

Images : <img>

HTML

```
<imagesource="profile.jpg"tout=« Ma photo » largeur="200">
```

- src = chemin de l'image
- alt = texte si l'image ne s'affiche pas (accessibilité)
- largeur/hauteur = taille en pixels

Dans le monde réel : Portfolio

HTML

```
<h2>Mes projets</h2>
<p><unhref="project1.html">Application Calculatrice</un</p>
```

```
<imagesource="calc-screenshot.png"tout="Calculatrice"
largeur="300">
```

Étape concrète : Ajouter des liens et une image

1. Télécharger une photo → enregistrer sous le nom me.jpg dans le même dossier
2. Ajouter:

HTML
```
<h2>Contactez-moi</h2>
<p>
<unhref="https://linkedin.com" cible="_vide">LinkedIn</un> |
<unhref="https://github.com">GitHub</un>
</p>
<imagesource="moi.jpg"tout=« Mon profil » largeur="150">
```

Erreur courante

HTML
```
<imagesource="photo.jpg"><!-- Plus de -->
```

RéparerAjoutez toujours un attribut alt pour l'accessibilité et le référencement naturel.

8.4 Listes et tableaux : Organisation du contenu

Liste non ordonnée : <ul> + <li>

HTML

```
<h3>Liste de courses</h3>
<ul>
<que>Lait</que>
<que>Pain</que>
<que>Œufs</que>
</ul>
```

Liste ordonnée : <ol>

HTML

```
<h3>Étapes pour préparer le thé</h3>
<vieux>
<que>Faire bouillir de l'eau</que>
<que>Ajouter un sachet de thé</que>
<que>Ajouter du lait</que>
</vieux>
```

Tableaux : <table>, <tr>, <th>, <td>

HTML

```
<tableau frontière="1">
<tr>
<ème>Nom</ème>
<ème>Âge</ème>
<ème>Ville</ème>
</tr>
<tr>
<td>Alice</td>
<td>25</td>
<td>NYC</td>
</tr>
<tr>
<td>Bob</td>
<td>30</td>
<td>LA</td>
</tr>
</tableau>
```

Dans la réalité : Emploi du temps

HTML

```
<h3>Programme hebdomadaire</h3>
<tableau frontière="1">
<tr>
<ème>Jour</ème>
<ème>Sujet</ème>
<ème>Temps</ème>
</tr>
<tr>
<td>Lundi</td>
<td>Python</td>
<td>10 h</td>
</tr>
</tableau>
```

Étape concrète : Élaborer un tableau des compétences

HTML

```
<h3>Mes compétences</h3>
<tableau frontière="1">
<tr>
<ème>Compétence</ème>
<ème>Niveau</ème>
</tr>
<tr>
<td>Python</td>
<td>Débutant</td>
</tr>
<tr>
<td>HTML</td>
<td>Apprentissage</td>
</tr>
</tableau>
```

```
<h3>Routine quotidienne</h3>
<vieux>
<queRéveille-toi.que>
<que>Code valable 2 heures</que>
<que>Exercice</que>
</vieux>
```

Erreur courante

HTML

```
<tableau>
<tr><td>Données</td</tr><!-- Élément <th> manquant pour les en-têtes -->
```

RéparerUtilisez <th> pour les en-têtes de colonnes/lignes.

8.5 Formulaires : champs de saisie, boutons et validation

Les formulaires recueillent les données saisies par l'utilisateur.

Forme de base

HTML

```
<formulaire>
<étiquette pour="nom">Nom:</étiquette><br>
<saisir taper="texte" identifiant="nom" nom='nom"><br><br>

<étiquette pour="e-mail">Courriel :</étiquette><br>
<saisir taper="e-mail" identifiant="e-mail"
nom="e-mail"><br><br>
```

```
<bouton taper="soumettre">Envoyer</bouton>
</formulaire>
```

Types d'entrée

Taper	Utiliser
texte	Ligne unique
mot de passe	Texte caché
e-mail	Valide @
nombre	Numéros seulement
case à cocher	Oui/Non
radio	Choisissez-en un
zone de texte	Multi-lignes

Cases à cocher et boutons radio

HTML

```
<p>Intérêts :</p>
<saisir taper="case à cocher" nom="code" identifiant="code">
<étiquette pour="code">Codage</étiquette><br>

<saisir taper="case à cocher" nom="conception"
identifiant="conception">
<étiquette pour="conception">Conception</étiquette>
```

```
<p>Sexe :</p>
<saisir taper="radio" nom="genre" valeur="mâle"> Homme<br>
<saisir taper="radio" nom="genre" valeur="femelle"> Femme
```

Menu déroulant : <select>

HTML

```
<étiquette pour="ville">Ville :</étiquette>
<sélectionner identifiant="ville" nom="ville">
<option valeur="nyc">New York</option>
<option valeur="le">Los Angeles</option>
<option valeur="sf">San Francisco</option>
</sélectionner>
```

Attributs de validation

HTML

```
<saisir taper="texte"longueur minimale requise="3">
<saisir taper="e-mail"espace réservé="vous@exemple.com">
<saisir taper="nombre"min="0"max="100">
```

Formulaire de contact (dans le monde réel)

HTML

```
<h3>Contactez-moi</h3>
<formulaire>
<étiquette>Nom : <saisir taper="texte"
requis</étiquette><br><br>
<étiquette>Courriel : <saisir taper="e-mail"
requis</étiquette><br><br>
<étiquette>Message :<br>
<zone de texterangées="4"colonnes="50" requis</zone de
texte>
</étiquette><br><br>
<bouton taper="soumettre">Envoyer un message</bouton>
```

```
</formulaire>
```

Étape concrète : Créer un formulaire de sondage

HTML

```
<h3>Enquête de satisfaction</h3>
<formulaire>
<étiquette>Nom : <saisir taper="texte"
requis</étiquette><br><br>

<étiquette>Évaluation (1-5) :
<saisir taper="nombre"min="1"max="5" requis>
</étiquette><br><br>

<p>Le recommanderiez-vous ?</p>
<saisir taper="radio" nom="rec" valeur="Oui"> Oui
<saisir taper="radio" nom="rec" valeur="Non"> Non<br><br>

<étiquette>Commentaires :<br>
<zone de texterangées="3"</zone de texte>
</étiquette><br><br>

<bouton taper="soumettre">Soumettre</bouton>
</formulaire>
```

Erreur courante

HTML

```
<saisir taper="texte" nom="e-mail"><!-- Aucune connexion
d'étiquette -->
```

Réparer: Utiliser pour et id :

HTML

```
<étiquette pour="e-mail">Courriel :</étiquette>
<saisir taper="e-mail" identifiant="e-mail" nom="e-mail">
```

8.6 Exercice pratique : Créez votre première page web personnelle

Construisons un**page personnelle complète**.

Fichier final : index.html

HTML

```
<!DOCTYPEHTML>
<HTMLjuste="dans">
<tête>
<métajeu de caractères="UTF-8">
<méta nom="fenêtre d'affichage"
contenu="largeur=largeur-de-l'appareil, échelle-initiale=1.0">
<titre>Portefeuille d'Alex</titre>
<style>
      corps{famille de polices:Arial;marge:40px; }
en-tête, pied de
page{arrière-plan:#f4f4f4;rembourrage:20px;alignement du
texte:centre; }
      section{marge:20px0; }
      tableau, ème, td{frontière:1pxsolide #ccc;effondrement des
frontières:effondrement;rembourrage:8px; }
image{rayon de bordure:50%; }
</style>
</tête>
<corps>

<en-tête>
<h1>Alex Johnson</h1>
<pDéveloppeur Python | Passionné du Webp>
<imagesource="moi.jpg"tout=« La photo d'Alex »
largeur="150">
```

```
</en-tête>

<section>
<h2>À propos de moi</h2>
<p>Bonjour ! J'apprends <fort>Python</fort> et
<fort>HTML</fort> en 2024. J'adore créer des applications web
avec Flask.</p>
<p><dans« Le code est de la poésie. »dans</p>
</section>

<section>
<h2>Compétences</h2>
<tableau>
<tr>
<ème>Compétence</ème>
<ème>Niveau</ème>
</tr>
<tr>
<td>Python</td>
<td>Débutant</td>
</tr>
<tr>
<td>HTML</td>
<td>Apprentissage</td>
</tr>
<tr>
<td>Flaque</td>
<td>À venir</td>
</tr>
</tableau>
</section>

<section>
<h2>Projets</h2>
<ul>
<que><unhref="#">Application Calculatrice</un</que>
<que><unhref="#">Liste des tâches à faire</un</que>
<que><unhref="#">Ce site Web !</un</que>
</ul>
</section>
```

```
<section>
<h2>Contactez-moi</h2>
<formulaire>
<étiquette>Nom : <saisir taper="texte"
requis</étiquette><br><br>
<étiquette>Courriel : <saisir taper="e-mail"
requis</étiquette><br><br>
<étiquette>Message :<br>
<zone de texterangées="4" requis</zone de texte>
</étiquette><br><br>
<bouton taper="soumettre">Envoyer</bouton>
</formulaire>
</section>

<pied de page>
<p© 2025 Alex Johnson |
<unhref="https://github.com" cible="_vide">GitHub</un> |
<unhref="mailto:alex@example.com">Courriel</un>
</p>
</pied de page>

</corps>
</HTML>
```

Comment utiliser

1. Enregistrer sous index.html
2. Ajouter une photo → moi.jpg dans le même dossier
3. Ouvrir dans le navigateur
4. Cliquez sur les liens, remplissez le formulaire, testez la mise en page

---

Applications concrètes

- Portefeuille personnel
- Site de CV
- page d'accueil du blog
- page pour les petites entreprises

Étape concrète

1. Remplacer le nom, la photo et les compétences
2. Ajouter 2 projets supplémentaires
3. Changer les couleurs dans <style>
4. Ajouter une nouvelle section :**Loisirs**avec liste

Résumé des principaux points à retenir

- **HTML**= structure des pages web
- Balises : <p>, <h1>, <img>, <a>
- Utilisez toujours <!DOCTYPE html> et <html><head><body>
- Utiliser **sémantique**balises : <header>, <section>, <footer>
- Les formulaires nécessitent une étiquette, un champ de saisie et un bouton.
- **Votre page web**= HTML complet avec style, images, liens, formulaire

Vous venez de construire un**vrai site web**.

Exercices pratiques

Exercice 1 : Page de recette

HTML

```
<h1>Gâteau au chocolat</h1>
<h2>Ingrédients</h2>
<ul>
<que>Farine</que>
<que>Sucre</que>
</ul>
<h2>Étapes</h2>
<vieux>
<queMélanger les ingrédients secs.que>
</vieux>
```

Exercice 2 : Tableau des produits

HTML

```
<tableau frontière="1">
<tr><ème>Produit</ème><ème>Prix</ème</tr>
<tr><td>Ordinateur portable</td><td>999 $</td</tr>
</tableau>
```

Exercice 3 : Formulaire de connexion

HTML

```
<formulaire>
<h3>Connexion</h3>
<saisir taper="texte"espace réservé="Nom d'utilisateur"
requis><br><br>
<saisir taper="mot de passe"espace réservé="Mot de passe"
requis><br><br>
<bouton>Se connecter</bouton>
</formulaire>
```

Exercice 4 : Ajouter un style en ligne

HTML

```
<p style="couleur : bleu ; taille de police : 18px ;">Grand texte bleu !</p>
```

Défi : Constituer une liste de classe

Créer class.html :

- Titre : « Ma classe Python »
- Tableau : Nom, Âge, Sujet préféré
- 5 élèves
- Ajouter une photo pour l'enseignant
- Formulaire de contact en bas de page

Vous avez créé votre première page web complète.

Suivant: **Chapitre 9 – Notions de base sur les flacons**.

Chapitre 9

Premiers pas avec Flask – Votre boîte à outils de framework web

9.1 Qu'est-ce que Flask ? Installation et configuration de la première application

Ballonest un framework web Python léger.

Il transforme votre code Python en un**site web en direct**qui s'exécute dans le navigateur.

Vous écrivez du code Python → Flask sert du HTML → L'utilisateur voit une véritable application web.

Installer Flask

Ouvrez le terminal dans le dossier de votre projet :

```
frapper
pépininstaller Flask
```

Première application Flask

Créer app.py :

python
```
depuisfioleimporterFlasque

application=Flasque(__nom__)

@app.route("/")
def maison():
   retour"<h1>Bonjour, Flask !</h1>"

si __nom__ == "__principal__":
app.run(déboguer=Vrai)
```

Exécutez-le

frapper
```
pythonapp.py
```

Ouvrir le navigateur → http://127.0.0.1:5000

Tu vois: **Bonjour, Flask !**

Structure des dossiers

texte
```
myflaskapp/
├── app.py
└── modèles/ (pour HTML)
└── static/ (pour CSS, JS, images)
```

Utilisation réelle

- Blog personnel
- Liste de choses à faire
- Tableau de bord d'administration
- API backend

Étape concrète : Application Hello Name

Modifier app.py :

python
```
@app.route("/")
def maison():
    nom ="Alex"
    retourf"<h1>Bonjour,{nom}!</h1><p>Bienvenue sur
Flask !</p>
```

Exécuter. Actualiser. Changer le nom.

Erreur courante

python
```
app.run()# Sans debug=True → les erreurs sont difficiles à
repérer
```

RéparerUtilisez toujours debug=True pendant le développement.

9.2 Routage : URL, routes dynamiques et méthodes HTTP

Routage= mappage des URL vers des fonctions Python.

Itinéraire de base

python
```
@app.route("/à propos de")
def à propos():
   retour"<h2>Page À propos</h2>"
```

Rendez-vous sur : http://127.0.0.1:5000/about

Itinéraires dynamiques

python
```
@app.route("/user/<nom>")
def utilisateur(nom):
   retourf"<h1>Bonjour,{nom.titre()}!</h1>"
```

Essayer:

- /user/alice → Bonjour, Alice !
- /user/BOB → Bonjour, Bob !

Conversion de type

python
```
@app.route("/post/<int:post_id>")
defafficher_post(id_post):
   retourf"ID du message :{id_post}"
```

/post/123 → fonctionne

/post/abc → 404

Méthodes HTTP

python
```
depuisfioleimporter demande

@app.route("/se connecter", méthodes=["OBTENIR",
"POSTE"])
def se connecter():
   siméthode de requête== "POSTE":
      retour"Connecté !"
   autre:
      retour'''
<form method="post">
<input type="submit" value="Se connecter">
</form>
'''
```

Dans le monde réel : Articles de blog

python
```
@app.route("/blog")
defliste_de_blogs():
   retour"<h1>Tous les articles</h1>"

@app.route("/blog/<int:id>")
defarticle de blog(identifiant):
   retourf"<h1>Article n°{identifiant}</h1><p>Contenu ici...</p>"
```

Action concrète : Saluer en tenant compte de l'âge

python
```
@app.route("/salutation/<nom>/<int:âge>")
def saluer(nom, âge):
   retourf"""
<h1>Salut{nom.titre()}!</h1>
<p>Vous êtes{âge}ans.</p>
"""
```

Test : /salutation/tom/25

Erreur courante

python
```
@app.route("/user/<nom>")
def utilisateur(nom):
   retourf"Bonjour {Nom}"# Erreur de nom
```

RéparerUtilisez le même nom de variable : nom

9.3 Modèles avec Jinja2 : rendu HTML dynamique

N'écrivez pas de HTML en Python. Utilisez**modèles**.

Configuration des dossiers

texte
```
myflaskapp/
├── app.py
└── modèles/
└── home.html
```

Modèle de rendu

python
```
depuisfioleimporterFlask, modèle_de_rendu

application=Flasque(__nom__)

@app.route("/")
def maison():
    retourmodèle_rendu("home.html")
```

---

modèles/accueil.html

HTML
```
<!DOCTYPEHTML>
<HTML>
<tête>
<titre>Accueil</titre>
</tête>
<corps>
<h1>Bienvenue sur mon site</h1>
<pPropulsé par Flask et Jinja !p>
</corps>
</HTML>
```

Passer les variables

python
```
@app.route("/user/<nom>")
def utilisateur(nom):
    retourmodèle_rendu("user.html", nom d'utilisateur=nom,
année=2025)
```

templates/user.html :

HTML
```
<h1>Bonjour, {{ username }} !</h1>
```

```
<p>Année : {{ année }}</p>
```

Boucles et conditions

templates/blog.html :

HTML

```
<h1>Articles</h1>
<ul>
{% for post in posts %}
<que><unhref="/post/{{ post.id }}">{{ post.title }}</un</que>
{% autre %}
<que>Aucun message pour l'instant.</que>
{% endfor %}
</ul>
```

Python:

python

```
@app.route("/blog")
defblog():
messages=[
{"identifiant":1, "titre":« Premier message »},
{"identifiant":2, "titre":« Flasque d'apprentissage »}
]
    retourmodèle_rendu("blog.html", messages=messages)
```

Profil utilisateur dans le monde réel

python

```
@app.route("/profile/<nom>")
def profil(nom):
    utilisateur ={
        "nom": nom,
        "âge":28,
        "compétences": ["Python", "HTML", "Ballon"]
```

```
}
   retourmodèle_rendu("profile.html", utilisateur=utilisateur)
```

profil.html :

```
HTML
<h1Profil de {{ user.name }}</h1>
<p>Âge : {{ user.age }}</p>
<h3>Compétences :</h3>
<ul>
{% pour compétence dans utilisateur.compétences %}
<que>{{ compétence }}</que>
{% endfor %}
</ul>
```

Étape concrète : Modèle de carte de vœux

templates/card.html :

```
HTML
<!DOCTYPEHTML>
<HTML>
<tête><titre>Carte</titre</tête>
<corps style="police-famille : cursive ; alignement-texte :
centré ; marge-haut : 50px ;">
<h1>Joyeux anniversaire, {{ name }} !</h1>
<pVous avez maintenant {{ age }} !p>
<pContinuez à coder ! 🚀p>
</corps>
</HTML>
```

app.py :

```
python
@app.route("/card/<nom>/<int:âge>")
def carte(nom, âge):
   retourmodèle_rendu("card.html", nom=nom, âge=âge)
```

Test : /card/sara/10

Erreur courante

python
```
modèle_rendu("home.htm")# Extension incorrecte
```

RéparerUtilisez .html

9.4 Fichiers statiques : Intégration CSS et JavaScript

Rendez votre site beau et interactif.

Dossier : statique/

texte
```
statique/
├── style.css
├── script.js
└── logo.png
```

Lien CSS

templates/base.html :

HTML
```
<!DOCTYPEHTML>
<HTML>
<tête>
<titre>{{ titre }}</titre>
```

```
<lienrelation="feuille de style"href="{{ url_for('static',
filename='style.css') }}">
</tête>
<corps>
{% block content %}{% endblock %}
</corps>
</HTML>
```

templates/home.html :

```HTML
{% extends "base.html" %}
{% block content %}
<h1 classe="titre">Bienvenue !</h1>
<imagesource="{{ url_for('static', filename='logo.png') }}"
largeur="100">
{% endblock %}
```

static/style.css :

```CSS
.titre{
   couleur:marine;
alignement du texte:centre;
}
corps{
famille de polices:Arial;
   arrière-plan:#f0f8ff;
}
```

Ajouter JavaScript

static/script.js :

```js
alerte("Page chargée !");
```

Dans le modèle :

HTML
```
<scénariosource="{{ url_for('static', filename='script.js')
}}"</scénario>
```

Dans le monde réel : Blog stylé

python
```
@app.route("/")
defindex():
   retourmodèle_rendu("index.html", titre=« Mon blog »)
```

index.html utilise base.html et affiche les articles avec du CSS.

Étape concrète : Personnalisez votre carte

Mettre à jour card.html :

HTML
```
{% extends "base.html" %}
{% block content %}
<div classe="carte">
<h1>Joyeux anniversaire, {{ name }} !</h1>
<p>Vous avez maintenant {{ age }} ans !</p>
<boutonclic="alerte(« C'est la fête ! »)>Célébrer</bouton>
</div>
{% endblock %}
```

style.css :

CSS
```
.carte{
   arrière-plan:rose;
```

```
rembourrage:20px;
rayon de bordure:15px;
   marge:50pxauto;
   largeur:300px;
alignement du texte:centre;
ombre de boîte:0 4px8pxrgba(0,0,0,0,2);
}
bouton{
   arrière-plan:or;
   frontière:aucun;
rembourrage:10px;
rayon de bordure:5px;
curseur:aiguille;
}
```

script.js :

```
js
console.enregistrer("Carte chargée !");
```

Erreur courante

```
HTML
<lienhref="/static/style.css"><!-- Codé en dur -->
```

RéparerUtilisez url_for('static', filename='style.css')

9.5 Gestion des entrées utilisateur : formulaires et requêtes GET/POST

Laissez les utilisateurs**soumettre des données**.

Formulaire HTML

templates/login.html :

HTML
```
{% extends "base.html" %}
{% block content %}
<h2>Connexion</h2>
<formulaire méthode="POSTE">
<étiquette>Nom d'utilisateur : <saisir taper="texte" nom="nom
d'utilisateur" requis</étiquette><br><br>
<étiquette>Mot de passe : <saisir taper="mot de passe"
nom="mot de passe" requis</étiquette><br><br>
<bouton taper="soumettre">Se connecter</bouton>
</formulaire>
{% endblock %}
```

Gérer en Python

python
```
depuisfioleimporterFlask, modèle de rendu, requête, flash

application=Flasque(__nom__)
clé_secrète_app="top secret"

@app.route("/se connecter", méthodes=["OBTENIR",
"POSTE"])
def se connecter():
   siméthode de requête== "POSTE":
      nom d'utilisateur =formulaire de demande["nom
d'utilisateur"]
      mot de passe =formulaire de demande["mot de passe"]

      si nom d'utilisateur =="admin" et mot de passe =="123":
         éclair("Connexion réussie !", "succès")
      autre:
         éclair(« Mauvaises informations d'identification ! »,
"erreur")
```

```
retourmodèle_rendu("login.html")
```

Afficher les messages

Dans login.html (à l'intérieur du formulaire) :

HTML
```
{% avec messages = get_flashed_messages() %}
{% if messages %}
<ul>
{% for msg in messages %}
<que style="couleur : {% if 'error' in msg %}rouge{% else
%}vert{% endif %}">{{ msg }}</que>
{% endfor %}
</ul>
{% endif %}
{% endwith %}
```

Exemple GET : Recherche

python
```
@app.route("/recherche")
def recherche():
    requête =requête.args.get("q", "")
    retourf"<h1>Rechercher :{requête}</h1>"
```

Lien : <a href="/search?q=python">Rechercher Python</a>

Formulaire de contact (dans le monde réel)

python
```
@app.route("/contact", méthodes=["OBTENIR", "POSTE"])
```

```
def contact():
   siméthode de requête== "POSTE":
      nom =formulaire de demande["nom"]
      e-mail =formulaire de demande["e-mail"]
      message =formulaire de demande["message"]
# Enregistrer dans un fichier ou une base de données
ultérieurement
      éclair(f"Merci, {nom}Nous répondrons à{e-mail}.",
"succès")
   retourmodèle_rendu("contact.html")
```

Étape concrète : Créer un sondage

templates/survey.html :

HTML

```
{% extends "base.html" %}
{% block content %}
<h2>Enquête de satisfaction</h2>
<formulaire méthode="POSTE">
<étiquette>Nom : <saisir taper="texte" nom="nom"
requis</étiquette><br><br>
<étiquette>Évaluation (1-5) :
<sélectionner nom="notation" requis>
<option>1</option>
<option>2</option>
<option>3</option>
<option>4</option>
<option>5</option>
</sélectionner>
</étiquette><br><br>
<étiquette>Commentaires :<br>
<zone de texte nom=« commentaires »rangées="4"</zone de
texte>
</étiquette><br><br>
<bouton taper="soumettre">Soumettre</bouton>
</formulaire>
{% endblock %}
```

app.py :

python
```
@app.route("/enquête", méthodes=["OBTENIR", "POSTE"])
def enquête():
   siméthode de requête== "POSTE":
      nom =formulaire de demande["nom"]
      notation =formulaire de demande["notation"]
commentaires=requête.form.get(« commentaires », "Aucun commentaire")
      éclair(f"Merci, {nom}Vous nous avez évalués !{notation}/5.", "succès")
   retourmodèle_rendu("survey.html")
```

Erreur courante

python
```
formulaire de demande["e-mail"]# Erreur de clé si manquante
```

RéparerUtilisez .get("email") ou vérifiez request.method

9.6 Projet : Serveur Web « Hello World » simple

Construire un**mini-site complet**.

Structure des dossiers

texte
```
bonjour_serveur/
├── app.py
├── modèles/
│  ├── base.html
│  ├── index.html
```

```
│ └── greet.html
└── statique/
├── style.css
└── script.js
```

---

app.py

python

```
depuisfioleimporterFlask, modèle de rendu, requête, flash

application=Flasque(__nom__)
clé_secrète_app="développeur"

@app.route("/")
defindex():
   retourmodèle_rendu("index.html")

@app.route("/saluer", méthodes=["OBTENIR", "POSTE"])
def saluer():
   siméthode de requête== "POSTE":
      nom =formulaire de demande["nom"].bande()
      si nom:
         éclair(f"Bonjour, {nom.titre()}! Accueillir!", "succès")
      autre:
         éclair(«Veuillez saisir un nom !», "erreur")
   retourmodèle_rendu("greet.html")

si __nom__ == "__principal__":
app.run(déboguer=Vrai)
```

---

modèles/base.html

HTML

```
<!DOCTYPEHTML>
<HTMLjuste="dans">
<tête>
<métajeu de caractères="UTF-8">
```

```
<méta nom="fenêtre d'affichage"
contenu="largeur=largeur-de-l'appareil, échelle-initiale=1.0">
<titre>{% block title %}Bonjour Serveur{% endblock %}</titre>
<lienrelation="feuille de style"href="{{ url_for('static',
filename='style.css') }}">
</tête>
<corps>
<en-tête>
<h1><unhref="/">Serveur Hello World</un</h1>
</en-tête>
<principal>
{% avec messages = get_flashed_messages() %}
{% if messages %}
<div classe="messages">
{% for msg in messages %}
<p classe="{{ 'succès' si 'Bienvenue' dans msg sinon 'erreur'
}}">{{ msg }}</p>
{% endfor %}
</div>
{% endif %}
{% endwith %}
{% block content %}{% endblock %}
</principal>
<scénariosource="{{ url_for('static', filename='script.js')
}}"</scénario>
</corps>
</HTML>
```

---

modèles/index.html

HTML

```
{% extends "base.html" %}
{% block title %}Accueil{% endblock %}
{% block content %}
<h2>Bienvenue !</h2>
<p>Ceci est un serveur web Flask simple.</p>
<unhref="/saluer" classe="btn">Dites bonjour →</un>
{% endblock %}
```

modèles/salutation.html

HTML

```
{% extends "base.html" %}
{% block title %}Salutations{% endblock %}
{% block content %}
<h2>Dites bonjour</h2>
<formulaire méthode="POSTE">
<étiquette>
Votre nom :
<saisir taper="texte" nom="nom"espace réservé=« Entrez votre
nom » requis>
</étiquette>
<bouton taper="soumettre">Salutez-moi !</bouton>
</formulaire>
{% endblock %}
```

statique/style.css

CSS

```
corps{
famille de polices:'Segoe UI', sans-serif;
   arrière-plan:gradient linéaire(à droite, #6a11cb, #2575fc);
   couleur:blanc;
   marge:0;
rembourrage:20px;
}
en-tête{
alignement du texte:centre;
rembourrage:20px;
}
en-tête a{
```

```
   couleur:blanc;
décoration de texte:aucun;
}
principal{
largeur maximale:600px;
   marge:40pxauto;
   arrière-plan:rgba(255,255,255,0,1);
rembourrage:30px;
rayon de bordure:15px;
alignement du texte:centre;
}
saisir[taper="texte"] {
rembourrage:10px;
taille de police:16px;
   frontière:aucun;
rayon de bordure:5px;
   largeur:70%;
}
bouton{
rembourrage:10px20px;
taille de police:16px;
   arrière-plan:#ff6b6b;
   couleur:blanc;
   frontière:aucun;
rayon de bordure:5px;
curseur:aiguille;
marge gauche:10px;
}
bouton:flotter{
   arrière-plan:#ff8787;
}
.btn{
   afficher:bloc en ligne;
   arrière-plan:#ffe66d;
   couleur:#333;
rembourrage:12px24px;
décoration de texte:aucun;
rayon de bordure:8px;
marge supérieure:20px;
}
```

```
.messagesp{
   arrière-plan:rgba(0,0,0,0,3);
rembourrage:10px;
rayon de bordure:5px;
   marge:10px0;
}
.succès{couleur:#a8e6cf; }
.erreur{couleur:#ff6b6b; }
```

---

statique/script.js

js

```
console.enregistrer("Bonjour de JavaScript !");
document.querySelectorAll("bouton").pour chaque(bouton=>{
bouton.ajouterEventListener("clic", ()=>{
bouton.style.transformer="échelle(0,95)";
définirTimeout(()=>bouton.style.transformer="", 100);
});
});
```

Exécutez-le

frapper

```
pythonapp.py
```

Visitez : http://127.0.0.1:5000

Caractéristiques incluses

- Routage
- Modèles + Jinja
- Formulaires + POST

- Messages flash
- Style CSS
- JavaScript
- Mise en page adaptative

Applications concrètes

- Page d'accueil
- Formulaire de commentaires
- générateur de noms
- Connexion administrateur

Étape concrète

1. Créer tous les fichiers
2. Serveur d'exécution
3. Formulaire de test
4. Modifier les couleurs en CSS
5. Ajouter une nouvelle page : /about

Résumé des principaux points à retenir

- **Ballon**= Python → Web
- app.route() → URL vers la fonction
- render_template() → HTML avec données
- statique/ → CSS, JS, images
- request.form → obtenir les données saisies par l'utilisateur

- **Bonjour serveur**= application complète avec style, interaction et retours d'information

Vous venez de construire un**application web réelle**.

Exercices pratiques

Exercice 1 : Ajouter la page /about

python
```
@app.route("/à propos de")
def à propos():
   retourmodèle_rendu("about.html", année=2025)
```

about.html :

HTML
```
{% extends "base.html" %}
{% block content %}
<h2>À propos</h2>
<p>Conçu en {{ année }} avec 💜 et Flask.</p>
{% endblock %}
```

Exercice 2 : Page de comptage

python
```
compter =0
@app.route("/compter")
def comptoir():
   mondial compter
   compter +=1
   retourmodèle_rendu("count.html", compter=compter)
```

Exercice 3 : Formulaire de calculatrice simple

HTML

```
<formulaire méthode="POSTE" action="/calc">
<saisir taper="nombre" nom="un"> +
<saisir taper="nombre" nom="b">
<bouton>=</bouton>
</formulaire>
```

python

```
@app.route("/calc", méthodes=["POSTE"])
defcalcul():
   un =int(request.form["un"])
b=int(request.form["b"])
   retourf"Résultat: {un +b}"
```

Exercice 4 : Ajouter une favicon

Télécharger favicon.ico → placer dans static/

Dans base.html :

HTML

```
<lienrelation="icône"href="{{ url_for('static',
filename='favicon.ico') }}">
```

Défi : Créer un générateur de devis

- /quote → affiche une citation aléatoire
- Utilisez une liste de citations
- Style avec CSS
- Ajouter un bouton d'actualisation

Vous avez lancé votre premier serveur web Flask.

Suivant: **Chapitre 10 – Applications Web dynamiques**.

Chapitre 10

Création d'applications web dynamiques avec Flask

10.1 Modèles Flask : Organisation des applications volumineuses

PlansDivisez votre application en modules réutilisables.

Imaginez : un modèle par fonctionnalité (authentification, blog, administration).

Créer un plan

auth.py :

python

```
depuisfioleimporterPlan, modèle_de_rendu, requête, flash,
redirection, url_pour

authentification=Plan directeur ("auth", __nom__,
dossier_modèle="modèles/authentification")

@auth.route("/se connecter", méthodes=["OBTENIR",
"POSTE"])
def se connecter():
   siméthode de requête== "POSTE":
      nom d'utilisateur =formulaire de demande["nom
d'utilisateur"]
      si nom d'utilisateur =="admin":
```

```
        éclair("Connecté !")
        retourrediriger(url_pour("main.index"))
    éclair("Nom d'utilisateur incorrect !")
  retourmodèle_rendu("login.html")
```

S'inscrire dans l'application principale

app.py :

python
```
depuisfioleimporterFlask, modèle_de_rendu
depuisauthentificationimporterauthentification

application=Flasque(__nom__)
clé_secrète_app="développeur"
app.register_blueprint(auth,préfixe_url="/auth")

@app.route("/")
defindex():
  retourmodèle_rendu("index.html")

si __nom__ == "__principal__":
app.run(déboguer=Vrai)
```

Maintenant:

- / → accueil
- /auth/login → page de connexion

Structure des dossiers

texte
```
application_à_faire/
├── app.py
├── auth.py
├── main.py
```

```
└── modèles/
├── auth/
│ └── login.html
└── index.html
```

Utilisation réelle

- Plan d'authentification → connexion, inscription
- Plan du blog → articles, commentaires
- Plan d'administration → tableau de bord

Étape concrète : Diviser l'application en deux modèles

main.py :

python
```
depuisfioleimporterPlan, modèle de rendu

principal =Plan directeur ("principal", __nom__)

@main.route("/")
defindex():
   retourmodèle_rendu("index.html")

@main.route("/à propos de")
def à propos():
   retour"<h1>À propos de nous</h1>"
```

Mettre à jour app.py :

python
```
depuis principal importer principal
app.register_blueprint(main)
```

Test : / et /à propos

Erreur courante

python
```
app.register_blueprint(auth)# Pas de préfixe d'URL → conflits
```

RéparerUtilisez url_prefix="/auth" pour éviter les conflits.

10.2 Intégration de bases de données : Notions de base de SQLite avec Flask-SQLAlchemy

SQLAlchemy= Outil Python pour travailler avec des bases de données.

SQLite= base de données basée sur des fichiers (aucun serveur nécessaire).

Installer

frapper
```
pépininstaller flask-sqlalchemy
```

Configuration dans app.py

python
```
depuisfioleimporterFlasque
depuisflask_sqlalchemyimporterSQLAlchemy
```

```
application=Flasque(__nom__)
app.config["SQLALCHEMY_DATABASE_URI"]="sqlite:///app.db
"
app.config["SQLALCHEMY_TRACK_MODIFICATIONS"]=
FAUX
base de données=SQLAlchemy (application)
```

Créer un modèle

python

```
classe Utilisateur(base de données.Modèle):
   identifiant=db.Colonne(db.Entier,clé primaire=Vrai)
   nom d'utilisateur =db.Colonne(db.String(80),unique=Vrai,
annulable=FAUX)
   e-mail =db.Colonne(db.String(120),unique=Vrai,
annulable=FAUX)

def__repr__(soi):
      retourf"<Utilisateur{soi.nom d'utilisateur}>"
```

Créer des tables

Dans l'interpréteur Python :

python

```
depuisapplicationimporterbase de données
db.create_all()
```

Crée le fichier app.db.

Insérer des données

python
```
depuisapplicationimporterUtilisateur, base de données

administrateur= Utilisateur(nom d'utilisateur="admin",
e-mail="admin@example.com")
db.session.add(admin)
db.session.commit()
```

Données de requête

python
```
utilisateurs=Utilisateur.requête.tous()
pourdansdansutilisateurs :
   imprimer(nom d'utilisateur, adresse e-mail)
```

Dans le monde réel : Articles de blog

python
```
classe Poste(base de données.Modèle):
   identifiant=db.Colonne(db.Entier,clé primaire=Vrai)
   titre =db.Colonne(db.String(100),annulable=FAUX)
   contenu =db.Colonne(db.Text,annulable=FAUX)
auteur_id=db.Column(db.Integer, db.ForeignKey("ID de
l'utilisateur"))
```

Étape concrète : Créer un modèle de tâches

python
```
classe Tâche(base de données.Modèle):
   identifiant=db.Colonne(db.Entier,clé primaire=Vrai)
   titre =db.Colonne(db.String(100),annulable=FAUX)
   fait =db.Colonne(db.Booléen,défaut=FAUX)
```

Courir:

```python
db.create_all()
tâche = Tâche(titre="Apprendre Flask")
db.session.add(tâche)
db.session.commit()
```

Erreur courante

```python
db.session.add(tâche)
# J'ai oublié de valider !
```

Réparer: Toujours db.session.commit()

10.3 Modèles et migrations : Création et gestion des tables

Migrations= contrôle de version pour le schéma de base de données.

Installer Flask-Migrate

```frapper
pépininstaller flask-migrate
```

Installation

app.py :

```python
depuisflask_migrateimporterMigrer
```

```
# ... après db = SQLAlchemy(app)
migration=Migrer(app, db)
```

Commandes

frapper

```
# Initialiser
balloninitialisation de la base de données

# Créer une migration
ballonmigration de base de données-m« créer un tableau des tâches »

# Appliquer
ballonmise à jour de la base de données
```

Modèle de mise à jour

python

```
classe Tâche(base de données.Modèle):
   identifiant=db.Colonne(db.Entier,clé primaire=Vrai)
   titre =db.Colonne(db.String(100),annulable=FAUX)
   fait =db.Colonne(db.Booléen,défaut=FAUX)
date_d'échéance=db.Colonne(db.Date)# Nouveau champ
```

Alors:

frapper

```
ballonmigration de base de données-m"ajouter la date d'échéance"
ballonmise à jour de la base de données
```

Dans le monde réel : le commerce électronique

python

```
classe Produit(base de données.Modèle):
   identifiant=db.Colonne(db.Entier,clé primaire=Vrai)
   nom =db.Colonne(db.String(100))
   prix =db.Colonne(db.Flottant)
en stock=db.Colonne(db.Booléen)
```

Ajout/suppression de champs en toute sécurité.

Action à entreprendre : Ajouter une priorité à la tâche

1. Modifier le modèle :
   python
   ```
   priorité =db.Colonne(db.String(10),défaut="moyen")
   ```

Courir:
bash
```
ballonmigration de base de données-m"ajouter la priorité"
```

2. ballonmise à jour de la base de données

Erreur courante

frapper
```
ballonmigration de base de données# Après le changement de modèle
# Mais j'ai oublié d'importer le modèle !
```

RéparerImportez tous les modèles avant d'exécuter la migration.

10.4 Opérations CRUD : Créer, Lire, Mettre à jour, Supprimer

CRUD= Créer, Lire, Mettre à jour, Supprimer.

Créer

python
```
@app.route("/ajouter", méthodes=["POSTE"])
defajouter_tâche():
   titre =formulaire de demande["titre"]
   tâche = Tâche(titre=titre)
db.session.add(tâche)
db.session.commit()
   retourrediriger(url_pour("indice"))
```

Lire

python
```
@app.route("/")
defindex():
tâches=Tâche.requête.tous()
   retourmodèle_rendu("index.html", tâches=tâches)
```

index.html :

HTML
```
<ul>
{% pour tâche dans tâches %}
<que>{{ tâche.titre }} <unhref="/supprimer/{{ tâche.id
}}">Supprimer</un</que>
{% endfor %}
</ul>
```

Mise à jour

python

```
@app.route("/toggle/<int:task_id>")
defbascule(identifiant_de_tâche):
   tâche =Tâche.query.get_or_404(task_id)
tâche terminée= pastâche terminée
db.session.commit()
   retourrediriger(url_pour("indice"))
```

Supprimer

python

```
@app.route("/supprimer/<int:task_id>")
def supprimer(identifiant_de_tâche):
   tâche =Tâche.query.get_or_404(task_id)
db.session.supprimer(tâche)
db.session.commit()
   retourrediriger(url_pour("indice"))
```

Cas concret : Panneau d'administration

python

```
@app.route("/admin/users")
defliste_utilisateurs():
utilisateurs=Utilisateur.requête.tous()
   retourmodèle_rendu("admin/users.html",
utilisateurs=utilisateurs)
```

Étape à suivre : Ajouter un formulaire de modification

modifier.html :

HTML

```
<formulaire méthode="POSTE">
<saisir taper="texte" nom="titre" valeur="{{ task.title }}">
<bouton>Enregistrer</bouton>
</formulaire>
```

python

```
@app.route("/edit/<int:task_id>", méthodes=["OBTENIR",
"POSTE"])
def modifier(identifiant_de_tâche):
   tâche =Tâche.query.get_or_404(task_id)
   siméthode de requête== "POSTE":
tâche.titre=formulaire de demande["titre"]
db.session.commit()
       retourrediriger(url_pour("indice"))
   retourmodèle_rendu("edit.html", tâche=tâche)
```

Erreur courante

python

```
Tâche.requête.get(id_tâche)# Ne renvoie rien → plantage
```

RéparerUtilisez get_or_404()

10.5 Authentification des utilisateurs : sessions et systèmes de connexion

Session= se souvenir de l'utilisateur entre les requêtes.

Installation

python

```
clé_secrète_app="clé supersecrète"
```

Se connecter

python
```
depuisfioleimporter session

@app.route("/se connecter", méthodes=["OBTENIR",
"POSTE"])
def se connecter():
   siméthode de requête== "POSTE":
      nom d'utilisateur =formulaire de demande["nom
d'utilisateur"]
      mot de passe =formulaire de demande["mot de passe"]
      utilisateur =Utilisateur.requête.filtrer_par(nom
d'utilisateur=nom_utilisateur).premier()
      si utilisateur etutilisateur.mot de passe== mot de passe:  #
Dans une application réelle : utilisez le hachage !
         session["ID de l'utilisateur"]= ID de l'utilisateur
         éclair("Connecté !")
         retourrediriger(url_pour("indice"))
      éclair(« Identifiants invalides »)
   retourmodèle_rendu("login.html")
```

Protéger les routes

python
```
depuisoutils de fonctionimporterwraps

defconnexion_obligatoire(f):
@wraps(f)
defdécoré(*arguments, **arguments kwargs):
      si "ID de l'utilisateur"pas dans session:
         éclair(Veuillez vous connecter.)
         retourrediriger(url_pour("se connecter"))
      retourf(*arguments,**(kwargs)
   retourdécoré

@app.route("/secrète")
@connexion_obligatoire
def secrète():
```

```
    retour"Données top secrètes !"
```

Déconnexion

python

```
@app.route("/déconnexion")
defdéconnexion():
session.pop("ID de l'utilisateur", Aucun)
    éclair("Déconnecté")
    retourrediriger(url_pour("indice"))
```

Exemple concret : Tableau de bord utilisateur

python

```
@app.route("/tableau de bord")
@connexion_obligatoire
def tableau de bord():
    utilisateur =Utilisateur.requête.get(session["ID de
l'utilisateur"])
    retourmodèle_rendu("tableau de bord.html",
utilisateur=utilisateur)
```

Étape concrète : Ajouter un identifiant à l'application Todo

1. Créer un modèle utilisateur avec mot de passe
2. Ajouter un formulaire de connexion
3. Protéger / itinéraire
4. Afficher « Bienvenue, [nom] » une fois connecté

Erreur courante

python

```
session["ID de l'utilisateur"]= ID de l'utilisateur # Aucune clé secrète → erreur
```

Réparer: Définir app.secret_key

10.6 Projet pratique : Application de liste de tâches avec base de données

Construire unapplication de tâches complète.

Structure des dossiers

```texte
application_à_faire/
├── app.py
├── modèles.py
├── modèles/
│ ├── base.html
│ ├── index.html
│ ├── login.html
│ └── register.html
└── statique/
└── style.css
```

---

modèles.py

```python
depuisflask_sqlalchemyimporterSQLAlchemy
depuisdate et heureimporterdate et heure
```

```
base de données=SQLAlchemy()

classe Utilisateur(base de données.Modèle):
   identifiant=db.Colonne(db.Entier,clé primaire=Vrai)
   nom d'utilisateur =db.Colonne(db.String(80),unique=Vrai,
annulable=FAUX)
   mot de passe =db.Colonne(db.String(120),annulable=FAUX)
tâches=db.relation("Tâche", référence arrière="propriétaire",
paresseux=Vrai)

classe Tâche(base de données.Modèle):
   identifiant=db.Colonne(db.Entier,clé primaire=Vrai)
   titre =db.Colonne(db.String(100),annulable=FAUX)
   fait =db.Colonne(db.Booléen,défaut=FAUX)
créé_à=db.Colonne(db.DateTime,défaut=datetime.utcnow)
   ID de l'utilisateur =db.Column(db.Integer, db.ForeignKey("ID
de l'utilisateur"),annulable=FAUX)
```

---

app.py

```python
depuisfioleimporterFlask, render_template, request, redirect,
url_for, flash, session
depuisflask_migrateimporterMigrer
depuismodèlesimporterbase de données, utilisateur, tâche
depuisoutils de fonctionimporterwraps

application=Flasque(__nom__)
app.config["SQLALCHEMY_DATABASE_URI"]="sqlite:///todo.d
b"
app.config["SQLALCHEMY_TRACK_MODIFICATIONS"]=
FAUX
clé_secrète_app="développeur"
db.init_app(app)
migration=Migrer(app, db)

# Décorateur
defconnexion_obligatoire(f):
```

```
depuisoutils de fonctionimporterwraps
@wraps(f)
defdécoré(*arguments, **arguments kwargs):
    si "ID de l'utilisateur"pas dans session:
        éclair(Veuillez vous connecter.)
        retourrediriger(url_pour("se connecter"))
    retourf(*arguments,**(kwargs)
retourdécoré

@app.route("/")
@connexion_obligatoire
defindex():
    utilisateur =Utilisateur.requête.get(session["ID de
l'utilisateur"])
tâches=Tâche.requête.filtrer_par(ID de
l'utilisateur=utilisateur.id).order_by(Tâche.créée_à.desc()).all()
    retourmodèle_rendu("index.html",
tâches=tâches,utilisateur=utilisateur)

@app.route("/ajouter", méthodes=["POSTE"])
@connexion_obligatoire
def ajouter():
    titre =formulaire de demande["titre"].bande()
    si titre:
        tâche = Tâche(titre=titre, ID de l'utilisateur=session["ID de
l'utilisateur"])
db.session.add(tâche)
db.session.commit()
        éclair(« Tâche ajoutée ! »)
    retourrediriger(url_pour("indice"))

@app.route("/toggle/<int:task_id>")
@connexion_obligatoire
defbascule(identifiant_de_tâche):
    tâche =Tâche.query.get_or_404(task_id)
    sitâche.utilisateur_id!= session["ID de l'utilisateur"]:
        éclair("Accès refusé")
        retourrediriger(url_pour("indice"))
tâche terminée= pastâche terminée
db.session.commit()
```

```
    retourrediriger(url_pour("indice"))

@app.route("/supprimer/<int:task_id>")
@connexion_obligatoire
def supprimer(identifiant_de_tâche):
    tâche =Tâche.query.get_or_404(task_id)
    sitâche.utilisateur_id!= session["ID de l'utilisateur"]:
        éclair("Accès refusé")
        retourrediriger(url_pour("indice"))
db.session.supprimer(tâche)
db.session.commit()
    éclair("Tâche supprimée")
    retourrediriger(url_pour("indice"))

@app.route("/registre", méthodes=["OBTENIR", "POSTE"])
def registre():
    siméthode de requête== "POSTE":
        nom d'utilisateur =formulaire de demande["nom
d'utilisateur"]
        mot de passe =formulaire de demande["mot de passe"]
        siUtilisateur.requête.filtrer_par(nom
d'utilisateur=nom_utilisateur).premier():
            éclair(«Nom d'utilisateur déjà pris»)
        autre:
            utilisateur = Utilisateur(nom d'utilisateur=nom
d'utilisateur, mot de passe=mot de passe)  # Hash en
production !
db.session.add(utilisateur)
db.session.commit()
            éclair("Inscrit ! Veuillez vous connecter.")
            retourrediriger(url_pour("se connecter"))
    retourmodèle_rendu("register.html")

@app.route("/se connecter", méthodes=["OBTENIR",
"POSTE"])
def se connecter():
    siméthode de requête== "POSTE":
        nom d'utilisateur =formulaire de demande["nom
d'utilisateur"]
        mot de passe =formulaire de demande["mot de passe"]
```

```
        utilisateur =Utilisateur.requête.filtrer_par(nom
d'utilisateur=nom_utilisateur).premier()
        si utilisateur etutilisateur.mot de passe== mot de passe:
            session["ID de l'utilisateur"]= ID de l'utilisateur
            éclair("Connecté !")
            retourrediriger(url_pour("indice"))
        éclair(« Identifiants invalides »)
    retourmodèle_rendu("login.html")

@app.route("/déconnexion")
defdéconnexion():
session.pop("ID de l'utilisateur", Aucun)
    éclair("Déconnecté")
    retourrediriger(url_pour("se connecter"))

si __nom__ == "__principal__":
    avecapp.app_context() :
db.create_all()
app.run(déboguer=Vrai)
```

---

modèles/base.html

HTML

```
<!DOCTYPEHTML>
<HTML>
<tête>
<titre>Toutes les applications</titre>
<lienrelation="feuille de style"href="{{ url_for('static',
filename='style.css') }}">
</tête>
<corps>
<en-tête>
<h1>Toutes les applications</h1>
{% if session.user_id %}
<unhref="{{ url_for('logout') }}">Déconnexion</un>
        {% autre %}
<unhref="{{ url_for('login') }}">Connexion</un>
{% endif %}
```

```
</en-tête>
<principal>
{% avec messages = get_flashed_messages() %}
{% if messages %}
<div classe=« alertes »>
{% for msg in messages %}
<p classe="alerte">{{ msg }}</p>
{% endfor %}
</div>
{% endif %}
{% endwith %}
{% block content %}{% endblock %}
</principal>
</corps>
</HTML>
```

---

modèles/index.html

HTML

```
{% extends "base.html" %}
{% block content %}
<h2>Bienvenue, {{ user.username }} !</h2>
<formulaire action="{{ url_for('add') }}" méthode="poste">
<saisir taper="texte" nom="titre"espace réservé=« Nouvelle
tâche » requis>
<bouton>Ajouter</bouton>
</formulaire>
<ul classe=« tâches »>
{% pour tâche dans tâches %}
<que classe="{% if task.done %}terminé{% endif %}">
{{ tâche.titre }}
<unhref="{{ url_for('toggle', task_id=task.id) }}">Basculer</un>
<unhref="{{ url_for('delete', task_id=task.id) }}"
classe="supprimer">Supprimer</un>
</que>
  {% autre %}
<queAucune tâche pour le moment. Ajoutez-en une !que>
{% endfor %}
```

```
</ul>
{% endblock %}
```

---

modèles/login.html et register.html

HTML

```
<!-- login.html -->
{% extends "base.html" %}
{% block content %}
<h2>Connexion</h2>
<formulaire méthode="poste">
<saisir taper="texte" nom="nom d'utilisateur"espace
réservé="Nom d'utilisateur" requis><br><br>
<saisir taper="mot de passe" nom="mot de passe"espace
réservé="Mot de passe" requis><br><br>
<bouton>Se connecter</bouton>
</formulaire>
<p><unhref="{{ url_for('register') }}">S'inscrire</un</p>
{% endblock %}
```

HTML

```
<!-- register.html -->
{% extends "base.html" %}
{% block content %}
<h2>S'inscrire</h2>
<formulaire méthode="poste">
<saisir taper="texte" nom="nom d'utilisateur"espace
réservé="Nom d'utilisateur" requis><br><genre><br>
<saisir taper="mot de passe" nom="mot de passe"espace
réservé="Mot de passe" requis><br><br>
<bouton>S'inscrire</bouton>
</formulaire>
{% endblock %}
```

---

statique/style.css

CSS

```
corps{famille de polices:Arial;marge:40px;arrière-plan:#f7f7f7; }
```

```
en-tête{arrière-plan:#333;couleur:blanc;rembourrage:15px;alignement du texte:centre; }
en-tête a{couleur:#fff;marge:0 10px;décoration de texte:aucun; }
principal{largeur maximale:600px;marge:20pxauto;arrière-plan:blanc;rembourrage:20px;rayon de bordure:8px; }
saisir[taper="texte"],saisir[taper="mot de passe"]
{largeur:70%;rembourrage:8px; }
bouton{rembourrage:8px16px;arrière-plan:#007bff;couleur:blanc;frontière:aucun;rayon de bordure:4px;curseur:aiguille; }
.tâchesque{rembourrage:8px;bordure inférieure:1pxsolide #eee;
}
.fait{décoration de texte:ligne traversante;couleur:#888; }
.supprimer{couleur:rouge;taille de police:0,8dans; }
.alertes{arrière-plan:#d4edda;rembourrage:10px;rayon de bordure:5px;marge inférieure:20px; }
.alerte{couleur:#155724;marge:5px0; }
```

Exécutez-le

frapper

```
balloninitialisation de la base de données
ballonmigration de base de données-m "initial"
ballonmise à jour de la base de données
pythonapp.py
```

1. Registre
2. Se connecter
3. Ajouter des tâches
4. Activer/supprimer

Applications concrètes

- productivité personnelle
- Tableau des tâches de l'équipe

- Suivi des travailleurs indépendants
- Planificateur d'études

Étape concrète

1. Créer tous les fichiers
2. Exécuter les migrations
3. Utilisateur enregistré
4. Ajouter 3 tâches
5. Essayez de vous déconnecter/reconnecter

Résumé des principaux points à retenir

- **Plans**→ organiser le code
- **SQLAlchemy**→ interroger la base de données
- **Migrations**→ modifications de schéma sécurisées
- **CRUD**→ contrôle total des données
- **Séances**→ se souvenir des utilisateurs
- **Application de tâches**= pile complète : authentification, base de données, CRUD, modèles

Vous avez construit un**application web dynamique réelle**.

Exercices pratiques

Exercice 1 : Ajouter une date d'échéance à la tâche

python
```
date_d'échéance=db.Colonne(db.Date)
```

Mettre à jour le formulaire et l'affichage.

Exercice 2 : Filtrer les tâches terminées

python
```
tâches=Tâche.requête.filtrer_par(fait=Vrai).tous()
```

Ajouter un bouton bascule dans l'interface utilisateur.

Exercice 3 : Hachage de mots de passe

frapper
```
pépininstaller flask-bcrypt
```

python
```
depuisflask_bcryptimporterBcrypt
bcrypt=Bcrypt (application)
# Dans le registre :
utilisateur.mot de
passe=bcrypt.generate_password_hash(mot_de_passe).decod
e("utf-8")
# Dans la section connexion :
bcrypt.check_password_hash(user.password, password)
```

Exercice 4 : Ajouter le nombre de tâches

HTML
```
<pVous avez {{ tasks|length }} tâches.p>
```

Défi : Ajouter des catégories

- Modèle de catégorie
- Les tâches appartiennent à la catégorie
- Filtrer par catégorie
- Menu déroulant dans le formulaire d'ajout

Vous avez créé une application web complète avec connexion et base de données.

Suivant: **Chapitre 11 – Déploiement**.

Chapitre 11

Fonctionnalités avancées de Flask et déploiement

11.1 Gestion des erreurs et modèles personnalisés

Des erreurs se produisent. Afficher les utilisateurs**messages amicaux**, pas des plantages.

Pages d'erreur par défaut

Flask affiche par défaut les erreurs 404/500.

404 personnalisé

python
```
@app.errorhandler(404)
defpage_introuvable(et):
    retourmodèle_rendu("404.html"),404
```

templates/404.html :

HTML
```
{% extends "base.html" %}
{% block content %}
<h1>404 - Page introuvable</h1>
<p>Désolé, nous n'avons pas trouvé cette page.</p>
<unhref="{{ url_for('index') }}">Rentrer à la maison</un>
{% endblock %}
```

Custom 500

python

```
@app.errorhandler(500)
deferreur_interne(et):
    retourmodèle_rendu("500.html"),500
```

Erreurs Flash dans les formulaires

python

```
sinon titre:
    éclair(« Un titre est requis ! », "erreur")
    retourrediriger(url_pour("ajouter_post"))
```

Dans le monde réel : Blog convivial

- 404 → « Article introuvable » avec barre de recherche
- 500 → « Une erreur s'est produite. Veuillez réessayer. »

Action à entreprendre : Ajouter une page 404

1. Créer des modèles/404.html
2. Ajouter un gestionnaire d'erreurs
3. Visitez /nonexistent → voir la page personnalisée

Erreur courante

python

```
retourmodèle_rendu("404.html")# Rend 200 !
```

Réparer: Retour, 404

11.2 API RESTful : Création de points de terminaison avec Flask-RESTful

API= backend qui renvoie du JSON, et non du HTML.

Installer

frapper
```
pépininstaller flask-restful
```

API de base

python
```
depuisfioleimporterFlasque
depuisflacon_restfulimporterRessource, API

application=Flasque(__nom__)
API=API (application)

classe Bonjour(Ressource):
def obtenir(soi):
    retour{"message":"Bonjour, POMPIER !"}

api.add_resource(Bonjour,"/feu/bonjour")

si __nom__ == "__principal__":
app.run(déboguer=Vrai)
```

Visitez : http://127.0.0.1:5000/api/hello

Sortir:

json
{"message":"Bonjour, POMPIER !"}

Avec paramètres

python
```
classe Utilisateur(Ressource):
def obtenir(soi, ID de l'utilisateur):
    retour{"identifiant": ID de l'utilisateur, "nom":"Alice"}

def poste(soi, ID de l'utilisateur):
    données =requête.get_json()
    retour{"sauvegardé": données}, 201

api.add_resource(User,"/api/user/<int:user_id>")
```

Exemple concret : API Todo

python
```
classeAPI Todo(Ressource):
def obtenir(soi, id_de_la_tâche=Aucun):
    sitodo_id :
        tâche =Tâche.requête.get_or_404(todo_id)
        retour{"identifiant": tâche.id,"titre": titre de la tâche,"fait":
tâche terminée}
    autre:
tâches=Tâche.requête.tous()
        retour[{"identifiant": t.id,"titre": t.title}pourtdanstâches]
```

Étape concrète : API des tâches

python
```
classeTaskAPI(Ressource):
def obtenir(soi):
tâches=Tâche.requête.tous()
```

```
    retour[{"identifiant": t.id,"titre": t.title,"fait":
t.fait}pourtdanstâches]

api.add_resource(TaskAPI,"/api/tâches")
```

Test avec**boucle**ou navigateur.

Erreur courante

python
```
retourmodèle_rendu(...)# Dans la route API !
```

Réparer: Renvoie un dictionnaire ou un jsonify()

11.3 Intégration des formulaires HTML avec la validation Flask

WTForms= valider les données du formulaire en toute sécurité.

Installer

frapper
```
pépininstaller flask-wtf
```

Classe de formulaire

python
```
depuisflacon_wtfimporterForme de bouteille
depuiswtformsimporterChamp de chaîne, Champ de mot de
passe, Champ de soumission
```

```
depuiswtforms.validatorsimporterDonnées requises, Longueur,
Courriel

classeFormulaire de connexion(Forme de bouteille):
   nom d'utilisateur =Champ de chaîne("Nom d'utilisateur",
validateurs=[DonnéesRequises(), Longueur(min=3)])
   mot de passe =Champ de mot de passe("Mot de passe",
validateurs=[DonnéesRequises()])
   soumettre =SoumettreChamp("Se connecter")
```

Utiliser dans l'itinéraire

python

```
@app.route("/se connecter", méthodes=["OBTENIR",
"POSTE"])
def se connecter():
   formulaire =Formulaire de connexion()
   siform.validate_on_submit():
# Utilisation sans danger
      nom d'utilisateur =formulaire.nom_utilisateur.données
      éclair(fConnecté en tant que{nom d'utilisateur}")
      retourrediriger(url_pour("indice"))
   retourmodèle_rendu("login.html", formulaire=formulaire)
```

Modèle

HTML

```
<formulaire méthode="POSTE">
{{ form.hidden_tag() }}
<p>
{{ form.username.label }}<br>
{{ form.username() }}
{% for error in form.username.errors %}
<portée style="couleur : rouge;">{{ erreur }}</portée>
{% endfor %}
</p>
<p>{{ form.submit() }}</p>
```

</formulaire>

Monde réel : Formulaire d'inscription

python
```
classeFormulaire d'inscription(Forme de bouteille):
   nom d'utilisateur =Champ de chaîne("Nom d'utilisateur",
validateurs=[DonnéesRequises(), Longueur(3, 20)])
   e-mail =Champ de chaîne("E-mail",
validateurs=[DonnéesRequises(), Email()])
   mot de passe =Champ de mot de passe("Mot de passe",
validateurs=[DonnéesRequises(), Longueur(6)])
   soumettre =SoumettreChamp("Registre")
```

Étape à suivre : Ajouter un formulaire de tâche

python
```
classeAjouterFormulaireDeTâche(Forme de bouteille):
   titre =Champ de chaîne("Tâche",
validateurs=[DonnéesRequises(), Longueur(1, 100)])
   soumettre =SoumettreChamp("Ajouter")

@app.route("/ajouter", méthodes=["OBTENIR", "POSTE"])
def ajouter():
   formulaire =AjouterFormulaireDeTâche()
   siform.validate_on_submit():
      tâche = Tâche(titre=formulaire.titre.données,ID de
l'utilisateur=session["ID de l'utilisateur"])
db.session.add(tâche)
db.session.commit()
      éclair(« Tâche ajoutée ! »)
      retourrediriger(url_pour("indice"))
   retourmodèle_rendu("ajouter.html", formulaire=formulaire)
```

Erreur courante

python
```
formulaire =Formulaire de connexion(request.form)# Ancienne méthode
```

Réparer: Utiliser le formulaire = LoginForm() + validate_on_submit()

11.4 Bonnes pratiques de sécurité : protection CSRF et hachage des mots de passe

Protection CSRF

Flask-WTF l'inclut via {{ form.hidden_tag() }}

Hachage de mot de passe

frapper
```
pépininstaller flask-bcrypt
```

python
```
depuisflask_bcryptimporterBcrypt
bcrypt=Bcrypt (application)

# Registre
haché=bcrypt.generate_password_hash(mot_de_passe).decode("utf-8")
utilisateur = Utilisateur(nom d'utilisateur=nom d'utilisateur, mot de passe=haché)

# Se connecter
bcrypt.check_password_hash(user.password, password)
```

Session sécurisée

python
```
app.config["SESSION_COOKIE_HTTPONLY"]= Vrai
app.config["SESSION_COOKIE_SECURE"]= Vrai# HTTPS
uniquement
```

Dans le monde réel : Blog sécurisé

- Hacher les mots de passe
- CSRF sur tous les formulaires POST
- Limitation du débit (plus tard)

Action concrète : hacher les mots de passe dans l'application Todo

Mettre à jour le modèle utilisateur et s'inscrire/se connecter.

python
```
# Dans le registre
utilisateur.mot de
passe=bcrypt.generate_password_hash(form.password.data).d
ecode("utf-8")

# Connexion
sibcrypt.check_password_hash(user.password,
form.password.data):
```

Erreur courante

python
```
utilisateur.mot de passe= mot de passe  # Texte brut !
```

Réparer: Toujours hacher.

11.5 Déploiement : configuration sur Heroku, AWS ou serveur local

Option 1 : Serveur local (Développement)

frapper
licorneapplication:app

Option 2 : Heroku

1. Procfile :
   texte
   Web : application Gunicorn : application

2. requirements.txt :
   bash
   pépin geler>requirements.txt

Déployer:
bash
gitchaleur
git ajouter .
git commettre-m "d'abord"
Hérokucréer mon application de tâches

3. gitpousser heroku main

Option 3 : Rendu (gratuit)

1. Dépôt GitHub de connexion
2. Ensemble:
    - Compilation : pip install -r requirements.txt
    - Démarrer : application gunicorn :app

Variables environnementales

.env :

texte
CLÉ_SECRET=supersecret
URL_BASE_DE_DONNÉES=sqlite:///prod.db

python-dotenv :

frapper
pépininstaller python-dotenv

python
depuisdotenvimportercharger_dotenv
charger_dotenv()
clé_secrète_app=os.getenv("CLÉ_SECRET")

Blog de production du monde réel

- Heroku + PostgreSQL
- Variables environnementales
- Gunicorn + 2 ouvriers

Étape à suivre : Déployer l'application Todo pour l'affichage

1. Envoyer sur GitHub
2. Créer un compte Render
3. Nouveau service Web → connecter le dépôt
4. Définir la commande de démarrage : application gunicorn :app
5. Déployer

Erreur courante

python
app.run(déboguer=Vrai)# *En production !*

RéparerSupprimez debug=True, utilisez gunicorn

11.6 Projet de fin d'études : Application de blog complète avec comptes utilisateurs

Construire un**blog complet**.

Caractéristiques

- Inscription/connexion de l'utilisateur
- Créer/modifier/supprimer des publications
- Voir tous les articles
- point de terminaison de l'API

- Validation du formulaire
- Erreurs personnalisées
- Déployable

Structure des dossiers

texte

```
application_blog/
├── app.py
├── modèles.py
├── forms.py
├── modèles/
│   ├── base.html
│   ├── login.html
│   ├── register.html
│   ├── post_form.html
│   └── index.html
└── statique/
└── style.css
```

---

modèles.py

python

```
depuisflask_sqlalchemyimporterSQLAlchemy
depuisdate et heureimporterdate et heure

base de données=SQLAlchemy()

classe Utilisateur(base de données.Modèle):
    identifiant=db.Colonne(db.Entier,clé primaire=Vrai)
    nom d'utilisateur =db.Colonne(db.String(80),unique=Vrai,
annulable=FAUX)
    mot de passe =db.Colonne(db.String(120),annulable=FAUX)
messages=db.relation("Poste", référence arrière="auteur",
paresseux=Vrai)
```

```
classe Poste(base de données.Modèle):
   identifiant=db.Colonne(db.Entier,clé primaire=Vrai)
   titre =db.Colonne(db.String(100),annulable=FAUX)
   contenu =db.Colonne(db.Texte,annulable=FAUX)
créé_à=db.Colonne(db.DateTime,défaut=datetime.utcnow)
   ID de l'utilisateur =db.Column(db.Integer, db.ForeignKey("ID
de l'utilisateur"),annulable=FAUX)
```

---

formulaires.py

```
python
depuisflacon_wtfimporterForme de bouteille
depuiswtformsimporterChamp de chaîne, Champ de mot de
passe, Champ de zone de texte, Champ de soumission
depuiswtforms.validatorsimporterDonnées requises, Longueur,
Courriel

classeFormulaire d'inscription(Forme de bouteille):
   nom d'utilisateur =Champ de chaîne("Nom d'utilisateur",
validateurs=[DonnéesRequises(), Longueur(3, 20)])
   mot de passe =Champ de mot de passe("Mot de passe",
validateurs=[DonnéesRequises(), Longueur(6)])
   soumettre =SoumettreChamp("Registre")

classeFormulaire de connexion(Forme de bouteille):
   nom d'utilisateur =Champ de chaîne("Nom d'utilisateur",
validateurs=[DonnéesRequises()])
   mot de passe =Champ de mot de passe("Mot de passe",
validateurs=[DonnéesRequises()])
   soumettre =SoumettreChamp("Se connecter")

classePostForm(Forme de bouteille):
   titre =Champ de chaîne("Titre",
validateurs=[DonnéesRequises(), Longueur(1, 100)])
   contenu =Champ de texte("Contenu",
validateurs=[DonnéesRequises()])
   soumettre =SoumettreChamp(« Enregistrer le message »)
```

---

app.py

python

```
depuisfioleimporterFlask, render_template, request, redirect,
url_for, flash, session, jsonify
depuisflask_migrateimporterMigrer
depuisflask_bcryptimporterBcrypt
depuisflacon_restfulimporterAPI, Ressource
depuismodèlesimporterbase de données, utilisateur, publication
depuisformulairesimporterFormulaire d'inscription, formulaire de
connexion, formulaire PostForm
depuisoutils de fonctionimporterwraps
importer toi
depuisdotenvimportercharger_dotenv

charger_dotenv()

application=Flasque(__nom__)
app.config["SQLALCHEMY_DATABASE_URI"]=os.getenv("UR
L_DATABASE", "sqlite:///blog.db")
app.config["SQLALCHEMY_TRACK_MODIFICATIONS"]=
FAUX
app.config["CLÉ_SECRET"]=os.getenv("CLÉ_SECRET",
"développeur")
db.init_app(app)
migration=Migrer(app, db)
bcrypt=Bcrypt (application)
API=API (application)

# Décorateur
defconnexion_obligatoire(f):
@wraps(f)
defdécoré(*arguments, **arguments kwargs):
    si "ID de l'utilisateur"pas dans session:
        éclair(Veuillez vous connecter.)
        retourrediriger(url_pour("se connecter"))
    retourf(*arguments,**(kwargs)
  retourdécoré

# Pages d'erreur
```

```
@app.errorhandler(404)
defintrouvable(et):
   retourmodèle_rendu("404.html"),404

# Itinéraires
@app.route("/")
defindex():
messages=Post.query.order_by(Post.created_at.desc()).all()
   retourmodèle_rendu("index.html", messages=messages)

@app.route("/registre", méthodes=["OBTENIR", "POSTE"])
def registre():
   formulaire =Formulaire d'inscription()
   siform.validate_on_submit():
      siUtilisateur.requête.filtrer_par(nom
d'utilisateur=form.username.data).first():
         éclair(«Nom d'utilisateur déjà pris»)
      autre:
haché=bcrypt.generate_password_hash(form.password.data).d
ecode("utf-8")
         utilisateur = Utilisateur(nom
d'utilisateur=formulaire.nom_utilisateur.données,mot de
passe=haché)
db.session.add(utilisateur)
db.session.commit()
         éclair("Inscrit ! Connectez-vous.")
         retourrediriger(url_pour("se connecter"))
   retourmodèle_rendu("register.html", formulaire=formulaire)

@app.route("/se connecter", méthodes=["OBTENIR",
"POSTE"])
def se connecter():
   formulaire =Formulaire de connexion()
   siform.validate_on_submit():
      utilisateur =Utilisateur.requête.filtrer_par(nom
d'utilisateur=form.username.data).first()
      si utilisateur
etbcrypt.check_password_hash(user.password,
form.password.data):
         session["ID de l'utilisateur"]= ID de l'utilisateur
```

```
         éclair("Connecté !")
         retourrediriger(url_pour("indice"))
      éclair(« Identifiants invalides »)
   retourmodèle_rendu("login.html", formulaire=formulaire)

@app.route("/déconnexion")
defdéconnexion():
session.pop("ID de l'utilisateur", Aucun)
   éclair("Déconnecté")
   retourrediriger(url_pour("indice"))

@app.route("/post/new", méthodes=["OBTENIR", "POSTE"])
@connexion_obligatoire
defnouveau_post():
   formulaire =PostForm()
   siform.validate_on_submit():
      poste = Poste(
         titre=formulaire.titre.données,
         contenu=formulaire.content.data,
         ID de l'utilisateur=session["ID de l'utilisateur"]
)
db.session.add(post)
db.session.commit()
      éclair(Message créé !)
      retourrediriger(url_pour("indice"))
   retourmodèle_rendu("post_form.html", formulaire=formulaire,
titre="Nouveau message")

@app.route("/post/<int:post_id>/edit", méthodes=["OBTENIR",
"POSTE"])
@connexion_obligatoire
defmodifier_post(id_post):
   poste =Post.query.get_or_404(post_id)
   sipost.auteur.id!= session["ID de l'utilisateur"]:
      éclair("Accès refusé")
      retourrediriger(url_pour("indice"))
   formulaire =PostForm(obj=poste)
   siform.validate_on_submit():
titre du post=formulaire.titre.données
contenu du post=formulaire.contenu.données
```

```
db.session.commit()
        éclair(Article mis à jour !)
        retourrediriger(url_pour("indice"))
    retourmodèle_rendu("post_form.html", formulaire=formulaire,
titre=« Modifier le message »)

@app.route("/post/<int:post_id>/supprimer")
@connexion_obligatoire
defsupprimer_post(id_post):
    poste =Post.query.get_or_404(post_id)
    sipost.auteur.id!= session["ID de l'utilisateur"]:
        éclair("Accès refusé")
        retourrediriger(url_pour("indice"))
db.session.delete(post)
db.session.commit()
    éclair(Message supprimé)
    retourrediriger(url_pour("indice"))

# API
classePostAPI(Ressource):
def obtenir(soi, id_post=Aucun):
        sipost_id:
            poste =Post.query.get_or_404(post_id)
            retour{
                "identifiant": post.id,
                "titre": post.title,
                "contenu": post.content,
                "auteur": post.author.username
}
messages=Post.query.all()
        retour[{"identifiant": p.id,"titre": p.title}pourpdansmessages]

API. add_resource ( PostAPI , "/api/posts",
"/api/posts/<int:post_id>")

si __nom__ == "__principal__":
    avecapp.app_context() :
db.create_all()
app.run(déboguer=Vrai)
```

Modèles

base.html, index.html, post_form.html, login.html, register.html avec les formulaires et messages flash appropriés.

Déployer

1. Ajouter le fichier Procfile et requirements.txt
2. Envoyer sur GitHub
3. Déploiement sur Render ou Heroku

Applications concrètes

- Blog personnel
- Actualités de l'entreprise
- Site de documentation
- Forum communautaire

Étape concrète

1. Compiler tous les fichiers
2. Exécutez la migration de la base de données Flask, puis mettez à niveau.
3. Inscrivez-vous, créez 3 messages
4. API de test : /api/posts
5. Déployer

Résumé des principaux points à retenir

- **Erreurs personnalisées**→ meilleure expérience utilisateur
- **Flask-RESTful**→ API JSON
- **WTForms**→ entrée sécurisée
- **Bcrypt**→ mots de passe sécurisés
- **Déploiement**→ en direct sur internet
- **Application de blog**= pile complète : authentification, CRUD, API, validation, déploiement

Vous avez construit un**application web prête pour la production**.

Exercices pratiques

Exercice 1 : page 403

python

```
@app.errorhandler(403)
def interdit(et):
    retourmodèle_rendu("403.html"),403
```

Exercice 2 : API pour les tâches

python

```
classeTaskAPI(Ressource):
def obtenir(soi):
tâches=Tâche.requête.tous()
```

```
    retourjsonify([{"identifiant": t.id,"titre":
t.title}pourtdanstâches])
```

Exercice 3 : Ajouter Confirmer Supprimer

Utilisez la fonction JS confirm() avant de supprimer.

Exercice 4 : Limitation de la vitesse

frapper

```
pépininstaller flask-limiter
```

Défi : Ajouter des commentaires

- Modèle de commentaire
- Formulaire sous chaque publication
- point de terminaison de l'API
- Validation

Vous avez créé et déployé un blog complet.

Félicitations ! Vous êtes un développeur full-stack.

Conclusion

Prochaines étapes : sujets avancés, perspectives de carrière et ressources

Vous avez maintenant un**fondation complète**en Python, Flask, HTML et développement web full-stack.

Vous avez créé de véritables applications, allant d'une calculatrice à un blog déployé avec identifiant et base de données.

Sujets avancés à explorer

Sujet	Pourquoi l'apprendre ?	Ressources
JavaScript et frontend	Créer des interfaces utilisateur interactives (glisser-déposer, mises à jour en direct)	FreeCodeCamp, MDN Web Docs
React / Vue	Créez des applications monopages modernes	React.dev, Vuejs.org
Docker	Application et base de données empaquetées dans des conteneurs	Docker.com/docs

Essai	Prévenez les bugs grâce aux tests unitaires/d'intégration	Pytest.org
CI/CD	Automatiser le déploiement	Actions GitHub
Cloud (AWS/GCP)	Évolutivité à des millions d'utilisateurs	Niveau gratuit AWS
WebSockets	Chat en temps réel, notifications	Flask-SocketIO

Parcours professionnels

Rôle	Compétences que vous possédez	Compétences suivantes
Développeur backend	Flask, SQLAlchemy, API	FastAPI, Django
Développeur Full-Stack	HTML, Flask, Base de données	React, Tailwind CSS
travailleur indépendant	Portefeuille, déploiement	Upwork, Fiverr
CTO de startup	Bâtiment MVP	Conception du système

Votre portefeuille contient déjà plus de 3 projets—c'est plus que la plupart des débutants.

Ressources

Taper	Lien
Documents officiels	Ballon, Python
Pratique	Exercice.io, LeetCode
YouTube	Corey Schafer, Tech With Tim
Livres	*Développement web Flask*(O'Reilly),*Automatisez les tâches ennuyeuses*
communautés	r/flask, r/learnpython, Discord : Python

Étape concrète : Plan de croissance sur 30 jours

Semaine	But
1	Ajouter **Frontend React**sur votre blog
2	Déployer avec**Docker**
3	Ajouter **tests**à votre application
4	Postuler**1 emploi ou mission freelance**

Erreur courante

«Je dois tout apprendre avant de commencer.»

RéparerExpédiez rapidement. Améliorez plus tard.

Présentation du projet final : une application web digne d'un portfolio

Construisons**"Flux de tâches"**— une application de gestion des tâches élégante et facile à déployer, avec comptes utilisateurs, catégories et mode sombre.

Caractéristiques

- S'inscrire / Se connecter
- Créer, modifier, supprimer des tâches
- Catégories (Travail, Personnel, Urgent)
- Marquer comme terminé
- Activation/désactivation du mode sombre
- Conception réactive
- Déployé en direct

---

app.py (Core)

python

```
depuisfioleimporterFlask, render_template, request, redirect, url_for, flash, session, jsonify
depuisflask_sqlalchemyimporterSQLAlchemy
depuisflask_migrateimporterMigrer
depuisflask_bcryptimporterBcrypt
depuisflacon_wtfimporterForme de bouteille
```

```
depuiswtformsimporterChamp de chaîne, Champ de mot de
passe, Champ de sélection, Champ de soumission
depuiswtforms.validatorsimporterDonnées requises, longueur
importer toi
depuisdate et heureimporterdate et heure

application=Flasque(__nom__)
app.config["SQLALCHEMY_DATABASE_URI"]="sqlite:///taskflo
w.db"
app.config["CLÉ_SECRET"]="votre-clé-secrète"
base de données=SQLAlchemy (application)
migration=Migrer(app, db)
bcrypt=Bcrypt (application)

# Modèles
classe Utilisateur(base de données.Modèle):
   identifiant=db.Colonne(db.Entier,clé primaire=Vrai)
   nom d'utilisateur =db.Colonne(db.String(80),unique=Vrai,
annulable=FAUX)
   mot de passe =db.Colonne(db.String(120),annulable=FAUX)
tâches=db.relation("Tâche", référence arrière="utilisateur",
paresseux=Vrai)

classe Tâche(base de données.Modèle):
   identifiant=db.Colonne(db.Entier,clé primaire=Vrai)
   titre =db.Colonne(db.String(100),annulable=FAUX)
   catégorie =db.Colonne(db.String(20),défaut="général")
   complété =db.Colonne(db.Booléen,défaut=FAUX)
   ID de l'utilisateur =db.Column(db.Integer, db.ForeignKey("ID
de l'utilisateur"),annulable=FAUX)
créé_à=db.Colonne(db.DateTime,défaut=datetime.utcnow)

# Formulaires
classeFormulaire d'inscription(Forme de bouteille):
   nom d'utilisateur =Champ de chaîne("Nom d'utilisateur",
validateurs=[DonnéesRequises(), Longueur(3, 20)])
   mot de passe =Champ de mot de passe("Mot de passe",
validateurs=[DonnéesRequises(), Longueur(6)])
   soumettre =SoumettreChamp("Registre")
```

```
classeFormulaire de connexion(Forme de bouteille):
   nom d'utilisateur =Champ de chaîne("Nom d'utilisateur",
validateurs=[DonnéesRequises()])
   mot de passe =Champ de mot de passe("Mot de passe",
validateurs=[DonnéesRequises()])
   soumettre =SoumettreChamp("Se connecter")

classeFormulaire de tâche(Forme de bouteille):
   titre =Champ de chaîne("Tâche",
validateurs=[DonnéesRequises()])
   catégorie =SélectionnerChamp("Catégorie", choix=[
("travail", "Travail"), ("personnel", "Personnel"), ("urgent",
"Urgent")
])
   soumettre =SoumettreChamp(« Ajouter une tâche »)

# Itinéraires
@app.route("/")
defindex():
   si "ID de l'utilisateur"pas dans session:
      retourrediriger(url_pour("se connecter"))
tâches=Tâche.requête.filtrer_par(ID de l'utilisateur=session["ID
de l'utilisateur"]).order_by(Task.created_at.desc()).all()
   retourmodèle_rendu("index.html", tâches=tâches)

@app.route("/registre", méthodes=["OBTENIR", "POSTE"])
def registre():
   formulaire =Formulaire d'inscription()
   siform.validate_on_submit():
      siUtilisateur.requête.filtrer_par(nom
d'utilisateur=form.username.data).first():
         éclair(«Nom d'utilisateur déjà pris»)
      autre:
haché=bcrypt.generate_password_hash(form.password.data).d
ecode("utf-8")
         utilisateur = Utilisateur(nom
d'utilisateur=formulaire.nom_utilisateur.données,mot de
passe=haché)
db.session.add(utilisateur)
db.session.commit()
```

```
        éclair("Compte créé ! Veuillez vous connecter.")
        retourrediriger(url_pour("se connecter"))
    retourmodèle_rendu("register.html", formulaire=formulaire)

@app.route("/se connecter", méthodes=["OBTENIR",
"POSTE"])
def se connecter():
    formulaire =Formulaire de connexion()
    siform.validate_on_submit():
        utilisateur =Utilisateur.requête.filtrer_par(nom
d'utilisateur=form.username.data).first()
        si utilisateur
etbcrypt.check_password_hash(user.password,
form.password.data):
            session["ID de l'utilisateur"]= ID de l'utilisateur
            éclair("Content de te revoir!")
            retourrediriger(url_pour("indice"))
        éclair(« Identifiants invalides »)
    retourmodèle_rendu("login.html", formulaire=formulaire)

@app.route("/déconnexion")
defdéconnexion():
session.pop("ID de l'utilisateur", Aucun)
    éclair("Déconnecté")
    retourrediriger(url_pour("se connecter"))

@app.route("/ajouter", méthodes=["POSTE"])
defajouter_tâche():
    si "ID de l'utilisateur"pas dans session:
        retourrediriger(url_pour("se connecter"))
    formulaire =TaskForm()
    siform.validate_on_submit():
        tâche = Tâche(
            titre=formulaire.titre.données,
            catégorie=formulaire.catégorie.données,
            ID de l'utilisateur=session["ID de l'utilisateur"]
)
db.session.add(tâche)
db.session.commit()
        éclair(« Tâche ajoutée ! »)
```

```
   retourrediriger(url_pour("indice"))

@app.route("/toggle/<int:task_id>")
defbascule(identifiant_de_tâche):
   tâche =Tâche.query.get_or_404(task_id)
   sitâche.utilisateur_id!= session["ID de l'utilisateur"]:
      éclair("Accès refusé")
      retourrediriger(url_pour("indice"))
tâche terminée= pastâche terminée
db.session.commit()
   retourrediriger(url_pour("indice"))

@app.route("/supprimer/<int:task_id>")
def supprimer(identifiant_de_tâche):
   tâche =Tâche.query.get_or_404(task_id)
   sitâche.utilisateur_id!= session["ID de l'utilisateur"]:
      éclair("Accès refusé")
      retourrediriger(url_pour("indice"))
db.session.supprimer(tâche)
db.session.commit()
   éclair("Tâche supprimée")
   retourrediriger(url_pour("indice"))

si __nom__ == "__principal__":
   avecapp.app_context() :
db.create_all()
app.run(déboguer=Vrai)
```

---

modèles/base.html

HTML

```
<!DOCTYPEHTML>
<HTMLjuste="dans">
<tête>
<métajeu de caractères="UTF-8">
<méta nom="fenêtre d'affichage"
contenu="largeur=largeur-de-l'appareil, échelle-initiale=1.0">
<titre>Flux de tâches - {% block title %}{% endblock %}</titre>
```

```
<lienrelation="feuille de style"href="{{ url_for('static',
filename='style.css') }}">
<lienhref="https://fonts.googleapis.com/css2?family=Inter:wght
@400;600&display=swap"relation="feuille de style">
</tête>
<corps>
<Non>
<div classe="logo">Flux de tâches</div>
{% if session.user_id %}
<unhref="{{ url_for('logout') }}">Déconnexion</un>
    {% autre %}
<unhref="{{ url_for('login') }}">Connexion</un>
{% endif %}
</Non>
<principal>
{% avec messages = get_flashed_messages() %}
{% if messages %}
<div classe="éclair">
{% for msg in messages %}
<p>{{ msg }}</p>
{% endfor %}
</div>
{% endif %}
{% endwith %}
{% block content %}{% endblock %}
</principal>
<scénario>
    document.documentElement.liste de
classes.basculer('sombre', localStockage.thème=== 'sombre');
    fonctionbasculer le mode sombre() {
constisDark= document.documentElement.liste de
classes.basculer('sombre');
localStockage.thème=isDark? 'sombre': 'lumière';
}
</scénario>
</corps>
</HTML>
```

modèles/index.html

HTML

```
{% extends "base.html" %}
{% block title %}Accueil{% endblock %}
{% block content %}
<div classe="en-tête">
<h1>Mes tâches</h1>
<boutonclic="basculer le mode sombre()"
classe="theme-btn">Mode sombre</bouton>
</div>

<formulaire méthode="POSTE" action="{{ url_for('add') }}"
classe="ajouter-formulaire">
{{ form.hidden_tag() }}
<saisir taper="texte" nom="titre"espace réservé=«Que faut-il
faire ?» requis>
<sélectionner nom="catégorie">
<option valeur="travail">Travail</option>
<option valeur="personnel">Personnel</option>
<option valeur="urgent">Urgent</option>
</sélectionner>
<bouton taper="soumettre">Ajouter</bouton>
</formulaire>

<div classe=« tâches »>
{% pour tâche dans tâches %}
<div classe="tâche {% if task.completed %} terminée{% endif
%} {{ task.category }}">
<portée>{{ task.title }}</portée>
<div classe="actes">
<unhref="{{ url_for('toggle', task_id=task.id) }}"
classe="basculer">Basculer</un>
<unhref="{{ url_for('delete', task_id=task.id) }}"
classe="supprimer">Supprimer</un>
</div>
</div>
  {% autre %}
<p classe="vide"Aucune tâche pour le moment. Ajoutez-en une
ci-dessus !p>
```

```
{% endfor %}
</div>
{% endblock %}
```

---

statique/style.css

CSS

```
:racine{--bg:#f8f9fa;--texte:#212529;--primaire:#4361ee;--carte:
blanc; }
.sombre{--bg:#121212;--texte:#e0e0e0;--primaire:#7209b7;--car
te:#1e1e1e; }

*{marge:0;rembourrage:0;dimensionnement des boîtes:boîte à
bordure; }
corps{famille de polices:'Entre',
sans-serif;arrière-plan:notre(--bg);couleur:notre(--texte);transitio
n:0,3s; }
Non{arrière-plan:notre(--carte);rembourrage:1rem;afficher:fléchi
r;just-content:espace entre;ombre de boîte:0
2px10pxrgba(0,0,0,0,1); }
.logo{police-weight:600;taille de
police:1.5rem;couleur:notre(--primaire); }
navigation a{couleur:notre(--texte);décoration de texte:aucun; }

principal{largeur
maximale:800px;marge:2remauto;rembourrage:0 1rem; }
.en-tête{afficher:fléchir;just-content:espace entre;aligner les
éléments:centre;marge inférieure:1.5rem; }
.theme-btn{arrière-plan:notre(--primaire);couleur:blanc;frontière:
aucun;rembourrage:0,5rem1rem;rayon de
bordure:8px;curseur:aiguille; }

.ajouter-formulaire{afficher:fléchir;écart:0,5rem;marge
inférieure:2rem; }
.ajouter-formulaire
saisir{fléchir:1;rembourrage:0,75rem;frontière:1pxsolide
#ddd;rayon de bordure:8px; }
```

.ajouter-formulaire sélectionner, *.ajouter-formulaire* bouton{rembourrage:0,75rem;frontière:aucun;rayon de bordure:8px;arrière-plan:notre(--primaire);couleur:blanc;curseur :aiguille; }

.tâches{afficher:fléchir;direction flexible:colonne;écart:0,75rem; }
.tâche{arrière-plan:notre(--carte);rembourrage:1rem;rayon de bordure:12px;afficher:fléchir;just-content:espace entre;aligner les éléments:centre;ombre de boîte:0 2px5pxrgba(0,0,0,0,05); }
tâche terminée{opacité:0,6;décoration de texte:ligne traversante; }
.tâche.travail{bordure gauche:4pxsolide n° 4361ee; }
.tâche.personnelle{bordure gauche:4pxsolide #4cc9f0; }
.tâche.urgent{bordure gauche:4pxsolide #f72585; }
.actes un{marge gauche:1rem;taille de police:0,9rem;couleur:notre(--primaire);décoration de texte:aucun; }
.supprimer{couleur:#e63946; }

.éclair{arrière-plan:#d1e7dd;couleur:#0f5132;rembourrage:1rem ;rayon de bordure:8px;marge inférieure:1rem; }
.vide{alignement du

texte:centre;couleur:#6c757d;font-style:italique; }

Déployez-le

1. Envoyer sur GitHub
2. Déployer sur**Render.com** (gratuit)
3. Lien de partage : https://taskflow.onrender.com

Utilisation réelle

- productivité personnelle
- Tableau des tâches de l'équipe
- Suivi des projets clients

Étape concrète

1. Créez l'application
2. Déployez-le
3. Ajoutez à votre**GitHub + CV**
4. Partagez sur LinkedIn : « J’ai créé TaskFlow — une application Flask complète avec authentification, base de données et mode sombre ! »

Glossaire des termes clés

Terme	Définition
Ballon	Framework web Python léger
Itinéraire	URL → Correspondance des fonctions Python
Jinja2	Moteur de modèles pour HTML dynamique
SQLAlchemy	ORM pour les opérations de base de données
Session	Stockage côté serveur pour les données utilisateur

Plan	Méthode pour organiser une application Flask
Migration	Contrôle de version pour le schéma de base de données
CRUD	Créer, lire, mettre à jour, supprimer
CSRF	Protection contre la falsification de formulaires
API	Point de terminaison du serveur renvoyant du JSON
Déploiement	Mise en ligne de l'application sur Internet

Indice

- Séances → 10.5
- Modèles → 9.3
- Validation → 11.3

Résumé des principaux points à retenir

- Vous êtes passé de**De zéro à pile complète**en 11 chapitres
- Vous avez construit**Plus de 5 applications réelles**(calculatrice, liste de tâches, blog, TaskFlow)
- Vous avez appris**Python, HTML, Flask, SQL, déploiement**
- Vous avez un**projet prêt à intégrer au portefeuille**
- Tu es **prêt à l'emploi**pour les postes de développeur junior

---

Défi final : Créez l'application de vos rêves

IdéeQuel problème souhaitez-vous résoudre ?

Exemple	Caractéristiques
Suivi des habitudes	Suivi quotidien, séries, graphiques

Suivi des dépenses	Ajouter les dépenses, les catégories, le rapport mensuel
Livre de recettes	Enregistrer des recettes, rechercher, imprimer

Mesures:

1. Esquisse d'interface utilisateur sur papier
2. Construire des modèles
3. Créer des formulaires
4. Déployer
5. Partager avec des amis

Tu l'as fait.

Maintenant, allez construire quelque chose d'extraordinaire.

www.ingramcontent.com/pod-product-compliance
Lightning Source LLC
LaVergne TN
LVHW082216051026
849532LV00012B/3788
9798295576621